Поклонување во Духот и Вистината

Духовно поклонување

Dr. Jaerock Lee

*"Но доаѓа часот, и веќе е тука,
кога вистинските поклоненици ќе Му се поклонуваат
на Отецот во духот и вистината;
затоа што Отецот сака такви да бидат оние
кои што му се поклонуваат.
Бог е дух, и оние кои што му се поклонуваат, треба да Му се
поклонуваат во духот и вистината."
(Јован 4:23-24)*

Поклонување во Духот и Вистината од Др. Церок Ли
Објавено од страна на Урим Книги (Претставник: Johnny. H. Kim)
235-3, Guro-dong 3, Guro-gu, Seoul, Korea
www.urimbooks.com

Сите права се задржани. Оваа книга или некои нејзини делови, не смеат да бидат репродуцирани во било која форма, да се чуваат во обновувачки систем, или да бидат пренесувани во било каква форма или преку било какви средства, електронски, механички, преку фотокопирање, снимање или на некој друг начин, без претходна писмена дозвола од страна на издавачот.

Ако не е наведено поинаку, сите цитати од Светото Писмо се земени од Светата Библија, НОВА АМЕРИКАНСКА СТАНДАРДНА БИБЛИЈА (NEW AMERICAN STANDARD BIBLE, ®, Авторско Право © 1960, 1962, 1963, 1968, 1971, 1972, 1973, 1975, 1977, 1995 од страна на Локман Фондацијата. Употребени со дозвола.

Авторско право © 2012 од Др. Церок Ли
МСБК (ISBN): 89-7557-060-6
Преведувачко Авторско Право © 2012 од Др. Естер К. Чанг.
Употребено со дозвола.

За прв пат објавено во ноември, 2012

Претходно објавено на Кореански од страна на Урим Книги, Сеул, Кореа во 1992

Уредено од страна на Др. Геумсун Вин
Дизајнирано од страна на
Уредувачкото Биро на Урим Книги
За повеќе информации ве молиме контактирајте ги urimbook@hotmail.com

Предговор

Багремите се вообичаена глетка во пустината Израелска. Овие дрвја пуштаат корења десетици метри под површината и ја бараат подземната вода, за да можат да се одржат во живот. На прв поглед, багремовите дрва изгледаат добри само како огревно дрво, но нивната цврстина и долготрајност се поголеми од било кое друго дрво.

Бог заповедал, Ковчегот на сведоштвото (Ковчегот на заветот) да се направи од багремово дрво, да се обложи со злато, а од исто дрво е и Светоста на Светиите. Светоста на Светиите е свето место, каде што пребива Бог, и каде што само високосвештениците имале дозвола да влезат. Според истиот тој принцип, една индивидуа, која што го пуштила коренот во Словото Божјо, коешто е животот, не само што ќе биде употребена како скапоцен инструмент од страна на Бога, туку исто така ќе ужива и во изобилството благослови, во својот живот тука на земјата.

Токму како што Еремија 17:8 ни кажува, "Затоа што наликува на дрво засадено покрај вода, што корењата свои ги пушта кон потокот, и не треба да се плаши кога ќе дојде жегата; неговите лисја секогаш ќе бидат зелени, во сушна година нема да се грижи, ниту ќе престане да дава плод." Тука, "водата" во духовна смисла се однесува на Словото Божјо, а личноста која што ги има примено таквите благослови, со радост ќе присуствува на богослужбите, на коишто ќе се прогласува Неговото Слово.

Богослужбата е церемонија на којашто се оддава почитта и се искажува обожувањето кон божеството. Накратко речено, Христијанското обожување и поклонение претставува церемонија во којашто му се оддава благодарност на Бога, и преку почитувањето, пофалбите и славењето, се возвишува Неговото Свето име. И во времињата од Стариот Завет, исто како и денес, Бог ги барал, и продолжува да ги бара, оние личности кои што го обожуваат и Му се поклонуваат, во духот и вистината.

Во Стариот Завет, во книгата за Левит, се претставени најситните детали за богослужбата и поклонението. Некои луѓе кажуваат дека, поради фактот што тука се запишани законите за понудите кон Бога, во времето и на начинот којшто се применувал во Стариот Завет, оваа Книга е небитна за нас денес. Но, ова тврдење не може да биде точно, поради тоа што значењето на законите од Стариот Завет, коишто се однесуваат на богослужењето, се вткаени во начините на коишто ние денес ја извршуваме богослужбата. Обожувањето и поклонението, исто како и во времињата на Стариот Завет, исто така и во времињата на Новиот Завет, претставува патека по којашто можеме да го сретнеме Бога. Единствено ако го следиме духовното значење на законите за понудата од Стариот Завет, коишто биле безгрешни, ќе можеме да го извршуваме обожувањето и во времињата од Новиот Завет, во духот и во вистината.

Ова дело пребива во лекциите и значењето на различните понуди, коишто се извршуваат преку индивидуалното принесување на жртва сепаленица, принесувањето на понудата во жито, принесувањето заради мир, заради покајание, и заради чувството на вина, што исто така, подеднакво се однесува и на нас, кои што живееме во Новозаветните времиња. Ова дело може многу да ни олесни и објасни во детали, како би требало да му служиме на Бога. За да им го олесни на читателите, разбирањето на законите за понудата на жртвата, ова дело ги носи во себе шарените бои на панорамскиот поглед на Скинијата, на внатрешноста од Светилиштето, на Светијата на Светиите, и на разните инструменти коишто се поврзани со процесот на обожувањето и поклонението.

Бог ни кажува, "И така, бидете свети, затоа што и Јас сум свет" (Левит 11:45; 1 Петар 1:16), и посакува сите во целост да ги сватиме и разбереме законите на понудата на жртвата, коишто се запишани во книгата на Левит, и да водиме свети животи во Господа. Се надевам дека ќе успеете да го сватите секој аспект од законите, коишто се однесуваат на понудата на жртвата од Старозаветните времиња, и од Новозаветните времиња. Исто така се надевам дека ќе го преиспитате начинот на којшто самите го извршувате обожувањето и поклонението, и дека ќе почнете да го обожувате Бога, на начинот којшто Нему му е угоден.

Се молам во името на нашиот Господ Исус Христос, исто како што Соломон му угодувал на Бога со своите илјадници жртви сепаленици, секој читател на ова дело, да биде употребен како скапоцен уред од страна на Бога, и како дрвјата коишто се засадени покрај вода, да ужива во обилните благослови, оддавајќи му ја на Бога миризбата на љубовта и благодарноста, преку обожувањето во духот и вистината!

Февруари 2010
Др. Церок Ли

Содржина

Поклонување во Духот и Вистината

Предговор

Глава 1
Духовното поклонување коешто го прифаќа Бог   1

Глава 2
Старозаветните понуди запишани во Книгата на Левит   17

Глава 3
Жртва Сепаленица   43

Глава 4
Нудењето лебен принос   67

Глава 5
Понудите за помирителна жртва   83

Глава 6
Понудите на жртвата за грев   95

Глава 7
Понудите за вина   111

Глава 8
Претставете го свото тело како жива и света жртва   123

Глава 1

Духовното поклонување коешто го прифаќа Бог

"Бог е дух, и оние кои што Му се поклонуваат, треба да Му се поклонуваат во духот и вистината."

Јован 4:24

1. Понудите од Старозаветните времиња и поклонувањето во Новозаветните времиња

Изворно, Адам, првиот создаден човек, бил создание коешто можело да има директна и интимна комуникација и пријателство со Бога. Откако бил ставен под искушение од страна на Сатаната и го извршил гревот, Адамовото пријателство со Бога било прекинато. За Адама и неговите потомци, Бог подготвил пат на спасение и простување, и го отворил патот преку кој би можеле повторно да ја воспостават комуникацијата со Него. Тој пат се состои во методите на понуди на жртви, запишани уште во Старозаветните времиња, коишто Бог великодушно ги обезбедил за луѓето.

Понудите во Старозаветните времиња не биле осмислени од страна на човекот. Тие биле предадени и откриени од страна на Самиот Бог. Во Левит 1:1 па натаму, можеме да прочитаме, "ГОСПОД го повика Мојсеја и му кажа од Шаторот на средбата,..." Исто така можеме да претпоставиме какви биле понудите, од случајот на понудите што Авел и Каин, синовите Адамови, му ги понудиле на Бога (Битие 4:2-4).

Овие понуди, согласно со значењето на секоја од нив, следат некои специфични правила. Тие се класификуваат во сепаленици, лебни понуди, понуди за мир, понуди за грев и понуди за вина, а во зависност од сериозноста на гревот и ситуацијата, луѓето кои што ги нудат жртвите, како на пример бикови, јагњиња, кози, гулаби или брашно, може да се понудат како жртва. Свештениците кои што служеле за време на жртвувањето требало да вложат самоконтрола во своите животи, да бидат разумни во своето однесување, да облечат ефоди, кои што биле издвоени, и да ги дадат понудите припремени со најголема грижа, водејќи сметка за воспоставените правила и норми. Таквите понуди биле подложни на надворешни формалности, коишто биле многу комплицирани и стриктни.

Во Старозаветните времиња, ако една личност згрешила, таа можела да побара проштевање единствено ако понуди некаква жртва за гревот, убивајќи некое животно, а преку крвта од животното се постигнувало покајанието за него. Сепак, крвта од животните којашто од година во година се нудела како жртва, не можела во целост да ги ослободи луѓето од нивните гревови; ваквите понуди претставувале привремено покајание и искупитална жртва, па затоа не можеле да бидат совршени. Ова се должи на фактот што, целосното искупување на гревовите е можно единствено преку чесниот живот на луѓето.

1 Коринтјаните 15:21 ни кажува, "Бидејќи смртта дојде преку еден човек, преку еден Човек дојде и воскресението од мртвите." Тоа била причината поради која Исус, Синот Божји, дошол на овој свет во тело, и иако бил безгрешен, ја пролеал Својата скапоцена крв на крстот, давајќи го Својот живот за нас. Откако Исус станал жртва (Евреите 9:28), повеќе не постоела потребата за жртвите во крв, коишто побаруваат комплексни и стриктни закони и прописи.

Како што можеме да прочитаме во Евреите 9:11-12, "А Исус Христос, откако се појави како Првосвештеник на идните добра и влезе низ поголем и посовршен Шатор, што не е направен со рака, односно што не е од ова создание; влезе еднаш засекогаш во Светијата на Светиите, и тоа не преку крвта на јарците или јунците, туку преку Својата сопствена крв, и ни прибави вечен откуп," Исус го постигнал вечниот откуп за нас.

Преку Исуса Христа, ние повеќе не му нудиме крвни жртви на Бога, туку можеме да отидеме пред Него и да му ја понудиме живата и света жртва. Ова претставува богослужбата и поклонувањето во Новозаветните времиња. Бидејќи Исус ја понудил едната жртва за гревовите од сите времиња преку тоа што бил распнат на крстот и ја пролеал Својата скапоцена крв (Евреите 10:11-12), ако поверуваме од сѐ срце дека сме го добиле искупувањето за нашите гревови и ако од сѐ срце поверуваме и го прифатиме Исуса Христа, ќе можеме да го примиме спасението за нашите гревови. Ова не претставува церемонија каде што се нагласува делото, туку е демонстрација на верата што произлегува од нашите срца. Тоа претставува жива и света жртва и духовна служба на поклонување (Римјаните 12:1).

Ова не значи дека принесувањето жртви од Старозаветните времиња било укинато. Ако Стариот Завет претставува сенка, тогаш Новиот Завет ја претставува самата форма. А што се однесува на Законот, законите за принесувањето жртви коишто важеле во Стариот Завет, биле усовршени во Новиот Завет, од страна на Исуса Христа. Во Новозаветните времиња едноставната формалност, била променета во службата на поклонението. Исто како што на Бога Му биле угодни безгрешните и чисти понуди од Старозаветните времиња, исто така ќе Му бидат угодни и нашите богослужби и поклонувања, понудени во духот и вистината, во Новозаветните времиња. Стриктните формалности и процедури не ги нагласуваат само надворешните церемонии, туку исто така го носат во себе и длабокото духовното значење. Тие служат како индикатор, преку кој можеме да си го испитаме нашето однесување кон поклонението.

Како прво, по компензирањето и земањето одговорност за грешните дела кон нашите ближни, браќа, или Бога (жртва за вина), еден верник треба да погледне наназад на својот живот, во претходната недела на пример, да си ги исповеда гревовите, и да ја побара прошката од Бога (понудите за грев), а потоа да се поклонува преку чистото срце и крајната искреност (жртви сепаленици). Ако Му угодуваме на Бога, преку принесувањето жртви, подготвени со крајна грижа и благодарност за Неговата милост, што нè има заштитено во претходната недела (лебните понуди), треба да Му ги кажеме сите желби на срцата наши (понудите за мир), и Тој ќе ни ги исполни желбите на нашите срца, давајќи ни ја силата и моќта преку коишто ќе можеме да го надвладееме светот. Како таква, вклучена во богослужбата од Новозаветните времиња, носи голем број на значења за законите за принесувањето жртва од Старозаветните времиња. Законите за принесувањето жртва од Старозаветните времиња ќе ги разгледуваме во детали, во Главата 3, па понатаму.

2. Поклонување во духот и вистината

Во Јован 4:23-24 Исус ни кажува, "Но доаѓа часот, и веќе е тука, кога вистинските поклоненици ќе Му се поклонуваат на Отецот во духот и вистината; затоа што Отецот сака такви да бидат оние кои што му се поклонуваат. Бог е дух, и оние кои што му се поклонуваат, треба да Му се поклонуваат во духот и вистината."

Ова е еден дел од она што Исус ѝ кажал на жената што поминала кај бунарот, кај самарискиот град Сихар. Жената го прашала Исуса, Кој што го започнал разговорот со неа, барајќи ѝ малку вода, за местото за поклонување, за темата којашто долго време била предмет на разговори меѓу луѓето (Јован 4:19-20).

Додека Јудејците ги принесувале своите жртви во градот Ерусалим, каде што е сместен Храмот, Самарјаните ги давале своите понуди кај планината Гаризим. Ситуацијата била таква поради тоа што, кога Израел се поделил на два дела, за време на владеењето на Ровоам, синот Соломонов, на север било изградено светилиште, за да се спречат луѓето да одат до Храмот во Ерусалим. Жената која што била свесна за овој факт, сакала да дознае каде се наоѓа вистинското место за поклонување.

За луѓето Израелеви, местото за поклонение има свое специфично значење. Поради фактот што Бог пребивал и бил сеприсутен во Храмот, тие верувале дека тоа е центарот на универзумот. Сепак, поради тоа што видот на срцето, со коешто една личност Му се поклонува на Бога, е многу поважно од местото или локацијата за поклонување, кога се открил Себеси како Месија, Исус разгласил дека разбирањето за поклонувањето, исто така ќе треба да биде обновено.

Што значи "да се поклонуваме во духот и вистината"? "Поклонувањето во духот" значи да направиме наш леб насушен од Словото Божјо, коешто е запишано во 66-те книги од Библијата, според инспирацијата и исполнетоста со Светиот Дух, и обожувањето да го правиме од длабочината на своето срце, заедно со Светиот Дух, Кој што пребива во нас. "Поклонувањето во вистината", заедно со соодветното сваќање на Бога, означува поклонување кон Него со сето наше тело, срце, волја и одано предавање кон Бога, во радоста, благодарноста, молитвата, пофалбите, делата и понудите за Него.

Дали Бог ги прифаќа или не нашите понуди, нема да зависи од нашиот надворешен изглед или од големината на понудите, туку од степенот на грижата со којашто Му нудиме во зависност од нашите индивидуални можности. Бог со радост ќе ги прифати и ќе им одовори на желбите на срцата на оние личности кои што Му се поклонуваат од сѐ срце и кои што самоволно Му ги нудат даровите. Но Тој не ги прифаќа поклонувањата од страна на дрските луѓе, чии што срца се исполнети единствено со грижата за тоа, што другите луѓе ќе кажат и мислат за нив.

3. Нудење на поклонение коешто Бог го прифаќа

Оние од нас, кои што живееме во Новозаветните времиња, кога сите Закони биле исполнети од страна на Исуса Христа, треба да Му се поклонуваат на Бога, на многу посовршен начин. Тоа е така, бидејќи љубовта е најголемата заповед, што Исус Христос ни ја има дадено, Кој што Самиот го има исполнето Законот во љубов. Поклонувањето тогаш, претставува израз на нашата љубов кон Бога. Некои луѓе ја исповедаат својата љубов кон Бога единствено со нивните усни, но од начинот на којшто Му се поклонуваат, произлегува прашањето дали навистина го сакаат Бога од сѐ срце.

Ако треба да се сретнеме со некоја личност која што е сениор по рангот или возраста, тогаш треба да си ја потсредиме облеката, однесувањето и нашето срце, пред да го сториме тоа. Ако имаме намера да ѝ дадеме дар на таквата личност, секако дека ќе припремиме совршен подарок, посветувајќи најголемо внимание кон него. Бог, Кој што е Создателот на сето што постои во универзумот, е достоен за славењето и пофалбите од страна на Своите созданија. Ако сакаме да Му се поклонуваме во духот и вистината, никогаш не смееме да покажеме нестрпливост пред Него. Она што треба да го направиме е, да погледнеме наназад на своите дела, да се увериме дека не сме биле нестрпливи, и да направиме сѐ за да присуствуваме на сите богослужби, каде што ќе Му се поклонуваме со сето наше срце, тело, волја и грижа.

1) Не смееме да задоцниме на богослужбите.

Поради фактот што церемониите на богослужбите претставуваат признавање на духовниот авторитет на невидливиот Бог, треба да го признаеме Бога од сѐ срце, единствено тогаш, кога сме се придржувале на правилата и прописите, што Тој ги има воспоставено. Затоа е дрско и безобразно да се доцни на богослужбите, од било кои причини.

Поради фактот што богослужбата е времето, за коешто сме се заветиле дека ќе му го дадема на Бога, треба секогаш да пристигнуваме пред почетокот на службата, да се посветиме себеси во молитвата, и да се подготвиме себеси за богослужбата од длабочината на нашите срца. Во случај да треба да се сретнеме со некој крал, или премиер на држава, сигурно би стигнале пред време на таквиот состанок, и би чекале, подготвени во нашите срца за таквиот настан. Како тогаш смееме да задоцниме, или да брзаме, ако треба да се сретнеме со Бога, со Оној, Кој што е неспоредливо поголем и повеличествен од таквите личности?

2) Мораме да ѝ посветиме најголемо можно внимание на пораката којашто се проповеда.

Водачот (пасторот) претставува свештеник кој што бил помазан од Самиот Бог; тој е еквивалентен по својата важност со свештениците од Старозаветните времиња. Пасторот кој што бил ставен да го проповеда Словото Божјо од светиот олтар, претставува водач, кој што го води стадото на овците кон Небесата. Затоа, непокорот или нестрпливоста изразени кон пасторот, претставуваат непокор и нестрпливост кон Самиот Бог.

Во Исход 16:8 можеме да прочитаме како народот Израелев се жалел и негодувал кон Мојсеја, што всушност значело негодување кон Самиот Бог. Во Самоил 8:4-9, кога народот не се покорил на кажувањата на пророкот Самоил, Бог тоа го сметал за акт на непокор кон Него. Затоа, ако за време на богослужбата зборувате со некоја личност до вас, или ако вашиот ум е исполнет со празни мисли, додека пасторот ја искажува пораката во име на Бога, вие искажувате дрскост и безобразност кон Бога.

Дремењето или спиењето за време на богослужбите, исто така претставува знак на дрскост. Можете ли да замислите колку би било непристојно ако некој секретар или министер заспие за време на некој состанок со претседателот? Според истото тоа значење, дремењето или спиењето во храмот Божји, којшто го претставува телото на нашиот Господ, претставува акт на дрскост и безобразност пред Бога, пасторот, и браќата и сестрите во верата.

Исто така е неприфатливо да се врши поклонување, кога човекот е со скршен дух. Бог нема да го прифати таквото поклонение, без да се искаже благодарност и радост, туку единствено жалост и скршен дух. Затоа мораме да присуствуваме на богослужбите со очекување на пораката, којашто ќе потекнува од надежта за Небесата, и со срцето коешто ќе ја искажува благодарноста за благодетта на спасението и љубовта. Претставува акт на најголема дрскост ако ѝ зборувате или ја прекинете личноста, која што му се моли на Бога. Исто како што не смеете да го прекинете разговорот помеѓу некоја личност со постарите, исто така не смеете да ја прекинувате конверзацијата на некоја личност со Бога.

3) Алкохолот и цигарите не би требало да се користат пред присуството на богослужбите.

Бог нема да ја смета за грев неможноста на новите верници, да престанат со пиењето или пушењето, коишто се резултат на слабата волја на луѓето. Но, ако личноста, која што била крстена и која што ја понела одговорноста за некоја позиција во црквата, продолжи со пиењето алкохол и пушењето цигари, тогаш тоа претставува акт на дрскост пред Бога.

Дури и некои неверници си мислат дека е несоодветно и грешно да се оди во црквата, кога луѓето се затруени со алкохол, или веднаш по пушењето цигари. Ако една личност ги увиди големиот број на проблеми и гревови коишто можат да произлезат од пиењето и пушењето, таа преку вистината ќе може да го препознае вистинскиот начин, на којшто ќе треба да делува, за да може да биде наречена чедо Божјо.

Пушењето предизвикува различни видови на рак и затоа е штетно за телото на луѓето, додека пак пиењето, коешто може да доведе до труење на организмот, може да биде извор на недолично однесување и говор. Како може една личност, којашто пуши и пие, да послужи како пример за чедо Божјо, ако нејзиното однесување може да Го дискредитира и понизи Бога? Затоа, ако ја поседувате вистинската вера во вас, треба брзу да ги отфрлите ваквите делувања од вас. Дури и да сте почетник во верата, правењето напори да се отфрлат претходните начини на живот, Му е угодно на Бога.

4) Не смееме да го одвлекуваме вниманието, или да ја нарушиме атмосферата на церемонијата на богослужбата.

Светилиштето претствува свето место, коешто е одредено за богослужба, поклонение, молитва, славењето и фалењето на Бога. Ако родителите им дозволат на своите деца да плачат, да прават бука, или бесно да се растрчаат, тогаш тие ќе ги спречат другите членови на црквата, во нивните обиди да се поклонат кон Бога со сето свое срце. Тоа секако ќе претставува акт на дрскост кон Бога.

Разгневувањето или лутењето, зборувањето за некои световни нешта или забави во светилиштето, исто така претставува покажување диспрект кон Бога. Цвакањето мастика, гласното зборување со луѓето до вас, или станувањето и излегувањето од светилиштето среде богослужбата, претставува искажување на дисреспект и безобразие. Носењето капи, маици, маици без ракави, сандали или папучи за време на богослужбата, претставува скршнување од правилните манири, одредени за однесувањето во светилиштето. Надворешниот изглед не е важен, туку она што е важно, е внатрешниот изглед на една личност и нејзиното срце, коишто најчесто се рефлектираат на надворешниот изглед на личноста. Грижата со којашто една личност се подготвува себеси за богослужбата, се искажува во облекувањето и надворешниот изглед, коишто ќе бидат соодветни за таквата пригода.

Поседувањето на знаење и сваќање за тоа што Му е угодно на Бога, и што Тој бара од нас, ни дозволува да Му ја предадеме духовната служба на Бога, којашто ќе му биде благоугодна и којашто ќе ја прифати. Ако Му се поклонуваме на Бога на начинот којшто му е благоугоден Нему – ако Го обожуваме во духот и вистината – тогаш Тој ќе ни ги подари силата и разбирањето, преку кои ќе можеме да ја изгравираме вистината во своите срца, да ги понесеме обилните плодови и да уживаме во прекрасната благодет и благослови, со кои ќе не опсипува.

4. Животот обележен со поклонувањето во духот и вистината

Ако го обожуваме Бога во духот и вистината, нашите животи ќе бидат обновени. Бог посакува, животот на секоја личност, во целост да биде живот обележан со поклонување во духот и вистината. Како би требало да се однесуваме, за да можеме да Му ги понудиме на Бога духовните служби на поклонение, коишто би му биле угодни на Нему, и коишто Тој со радост би ги прифатил?

1) Секогаш мораме да се радуваме.

Вистинската радост произлегува не само од причините за радост, туку и од ситуациите кога се соочуваме со болните и тешки нешта во животот. Исус Христос, Кого сме го прифатиле за наш Спасител, Самиот по Себе претставува причина за постојана радост, затоа што Тој ги преземал на Себе сите наши проклетства и гревови.

Кога ние бевме на патот којшто водеше кон уништувањето, Тој ги откупи нашите гревови, пролевајќи ја Својата скапоцена крв. Тој ги презема на Себе нашата сиромаштија и нашите болести, и ги опушти оковите на грешноста преку Своите солзи, болка, така и смрт. Понатаму, Тој го уништил авторитетот на смртта и воскреснал, а со тоа ни ја дал надежта за воскресението, дозволувајќи ни да го поседуваме вистинскиот живот и убавината на Небесата.

Ако го поседуваме Исуса Христа преку верата, како нашиот извор на радоста, тогаш нема да има ништо друго во животот за нас, освен големата радост. Поради фактот што ќе ја поседуваме убавата надеж во задгробниот живот, кога Бог ќе ни ја подари вечната среќа и радост, дури и да немаме доволно храна, и да имаме големи проблеми во семејството во овој живот, дури и да сме опкружени со безброј проблеми и искушенија, оваа овоземна реалност ќе биде сосем ирелевантна за нас. Сè додека нашите со љубов за Бога исполнети срца не се поколебаат, и додека нашата надеж за Небесата не се раздрма, нашата радост никогаш нема да избледне. Па така, кога нашите срца се полни со благодетта Божја и надежта за Небесата, радоста постојано ќе извира во нас, а тешкотиите во нашите животи, лесно ќе се претвораат во благослови.

2) Мораме непрестано да се молиме.

Постојат три значења во фразата "да се молиме непрестано." Како прво е вообичаеното молење. Дури и Самиот Исус, низ целото Негово свештенствување, барал тивки места, каде што би можел да се моли во согласност со "Неговиот обичај." Даниел редовно три пати дневно се молел, а Петар и другите апостоли, исто така одвојувале време за молитвата. Мораме вообичаено да се молиме, за да ја исполниме потребната количина на молитви, и да се осигураме дека маслото на Светиот Дух никогаш нема да се исцрпи. Единствено тогаш, ќе можеме да го сватиме Словото Божјо, коешто ќе биде кажано за време на богослужбите, и ќе можеме да ја примиме силата, со која ќе можеме да ги живееме нашите животи според Словото.

Следно, "непрестано да се молиме" значи да се молиме и во часовите коишто не се воспоставени според некој распоред или обичај. Постојат некои времиња, кога Светиот Дух нè тера да се молиме и надвор од вообичаените часови за молитва. Често можеме да ги чуеме сведоштвата на луѓето кои што избегнале некои потешкотии, или пак биле заштитени и одбранети од несреќите во животот, ако се покориле на повикот за молитва во таквите часови.

Како последно, "непрестано да се молиме" значи дење, ноќе, да медитираме за Словото Божјо. Без разлика каде и да се наоѓаме, со кого и да бидеме, или што и да правиме, вистината во нашите срца мора да биде жива и активно да делува.

Молитвата е нешто како дишење за нашиот дух. Исто како што телото ќе умре ако не дише, исто така и духот ќе умре ако престанеме да се молиме. Може да се каже дека една личност "непрестано се моли" кога не само што извикува во молитвата во некое одредено време, туку и кога дење, ноќе, медитира за Словото, и кога го живее својот живот според Него. Ако Словото Божјо почне да пребива во нашите срца, ако ги водиме своите животи според Него, другарувајќи при тоа со Светиот Дух, тогаш ќе доживееме напредок и просперитет во секој аспект од нашите животи, и ќе можеме јасно да бидеме водени од страна на Светиот Дух.

Токму како што ни кажува Библијата, "прво да ги бараме Неговото Кралство и Неговата праведност," кога се молиме за Кралството Божјо – Неговото провидение и спасение на душите – наместо за нас самите, Бог обилно ќе нè опсипе со благослови. Но, постојат луѓе кои што се молат само кога ќе се соочат со некои потешкотии во своите животи, или кога ќе почувствуваат недостаток во животот, а кои престануваат со молењето ако им се услишат молитвите и најдат смирение. Постојат и некои луѓе кои што вредно се молат кога ќе се почуствуваат исполнети со Светиот Дух, но прекинуваат со молењето ако ја изгубат таа исполнетост.

Значи дека мораме секогаш да ги спремиме нашите срца и да ја издигнеме до Бога миризбата на молитвата, којашто ќе Му биде благоугодна. Можете само да си замислите колку е напорно и изморувачки да се истиснуваат зборовите против сопствената волја, само за да се исполни времето предвидено за молитва, додека личноста се бори против дремката и празните мисли. Па така, ако една личност, која што се смета себеси за верник, поседува одреден степен на вера во себе, а сепак сеуште има слични потешкотии и чувствува тежина при обраќањето кон Бога, нема ли да се почувствува засрамено да ја исповеда својата "љубов" кон Бога? Ако и вие чувствувате дека, 'молитвата ви е духовно отапена и во стагнација,' преиспитајте се себеси да видите дали сте биле доволно радосни и благодарни додека сте го правеле тоа.

Сигурно е дека штом срцето на една личност е секогаш исполнето со радост и благодарност, молитвата секогаш ќе биде во исполнетоста со Светиот Дух, и нема да биде во стагнација, туку ќе продре во поголемите длабочини на духовноста. Тогаш една личност нема да чувствува дека не може да се моли на Бога. Наместо тоа, колку потешко живее, толку повеќе ќе ја чувствува жедта за Божјата благодет, што единствено ќе ја натера уште поискрено да извикува кон Бога, а со тоа нејзината вера постојано, постепено ќе биде во пораст.

Ако од сè срце, непрестано извикуваме во молитвата, ќе можеме да ги понесеме обилните плодови на молитвата. И покрај испитанијата и искушенијата коишто можат да ни се испречат на нашиот животен пат, мораме да го исполниме времето коешто ни е предвидено за молитва. Сè до нивото, до коешто сме извикувале во молитвата, до тоа ниво ќе ни порасне и духовното ниво на верата и љубовта, и ние ќе почнеме да ја споделуваме благодетта со другите луѓе. Затоа, најважно за нас е непрестано да се молиме во радоста и благодарноста, за да можеме да ги примаме одговорите на нашите молитви од Бога, во форма на убавите плодови во духот и телото.

3) Мораме да ја оддаваме благодарноста во сè.

Какви причини имате да бидете благодарни? Над сè друго, стои фактот дека ние, кои што сме биле предодредени да умреме, сме биле спасени и ни е дадена можноста да влеземе во Небесата. Фактот дека сè ни било дадено, вклучувајќи ги тука нашиот леб насушен и нашето добро здравје, се доволни причини за да ја оддаваме благодарноста кон Бога. Понатаму, можеме да ја оддаваме благодарноста и покрај било каквите неволји и испитанија во животот, бидејќи веруваме во Семоќниот Бог и тоа што Тој може да го направи за нас.

На Бога му се познати сите ситуации и околности во нашите животи, исто како и нашите срца и сите наши молитви кон Него. Ако истраеме во верата кон Бога сè до самиот крај, дури и среде искушенијата и испитанијата, Тој ќе нè поведе кон тоа да излеземе како уште посовршени личности низ нив.

Ако се најдеме во неволји заради името на нашиот Господ, или ако се соочиме со испитанија поради нашите сопствени грешки и недостатоци, ако навистина веруваме во Бога, ќе видиме дека единственото нешто што можеме да го оддаваме, е благодарноста. Ако ни се случи да немаме нешто во нашите животи, ќе му ја оддаваме благодарноста на Бога, заради силата со која ги зајакнува и усовршува слабите. Дури и кога реалноста со којашто сме соочени станува навистина тешка за справување, ќе можеме да ја оддаваме благодарноста, поради нашата вера во Бога. Ако ја оддаваме благодарноста во верата сè до самиот крај, тогаш сите нешта ќе делуваат за наше добро и ќе се претворат во благослови од Бога.

Постојаното радување, непрестаното молење и оддавањето на благодарноста во сè, се сите нешта преку кои може да се измери колку плодови сме изродиле во духот и телото, живеејќи ги нашите животи во верата. Колку повеќе се бориме да бидеме радосни без оглед на ситуацијата, колку повеќе семе на радоста посееме, и ја оддаваме благодарноста од сѐ срце, барајќи ги причините за неа, толку повеќе плодови на радоста и благодарноста ќе можеме да понесеме. Истото важи и за молитвата; колку повеќе напори вложиме во молитвата, толку повеќе сила и одговори ќе пожнееме како плодови на духот.

Затоа преку понудата на секојдневните духовни богослужби на поклонение кон Бога, коишто Му се благоугодни Нему и коишто ги посакува од Своите чеда, водејќи го животот во којшто секогаш ќе се радуваме, непрестано ќе се молиме и ќе ја оддаваме благодарноста (1 Солунјани 5:16-18), се надевам дека ќе ги понесете големите и обилни плодови во духот и телото.

Глава 2

Старозаветните понуди запишани во Книгата на Левит

"Тогаш ГОСПОД го повика Мојсеја и му рече од Шаторот на средбата, 'Зборувај им на синовите Израелеви и кажи им, 'Кога некој од вас сака да Му принесе жртва на ГОСПОДА од добитокот свој, нека ја принесе од крупниот или ситниот добиток свој, или живина.'"

Левит 1:1-2

1. Важноста на книгата на Левит

Многу пати е кажано дека книгата на Откровението во Новиот Завет и книгата на Левит во Стариот Завет, се најтешките книги за разбирање во Библијата. Тоа е причината поради која голем број на луѓе ги прескокнуваат овие делови од Библијата, или пак многумина од нив мислат дека законите за принесувањето жртва на Бога од Старозаветните времиња, не се релевантни за нас денес. Сепак, ако тие делови навистина се ирелевантни за нас, тогаш Бог не би имал причина воопшто да ги запишува тие книги во Библијата. Поради тоа што секое Слово од Новиот Завет, исто како и од Стариот Завет, е неопходно за нашите животи во Христа, Бог дозволил тие да бидат запишани во Библијата (Матеј 5:17-19).

Законите за принесувањето од Старозаветните времиња не смеат да бидат отфрлени во Новозаветните времиња. Исто како и со сите други Закони Божји, законите за принесувањето во Стариот Завет биле исполнети од страна на Исуса во Новиот Завет. Импликациите на значењето на законите коишто се однесуваат на принесувањето понуди во Стариот Завет, се вткаени во секој чекор на модерното поклонување во Божјите светилишта, а принесувањата од Старозаветните времиња се еквивалнтни на процедурите во богослужбите денес. Откако точно и во целост ќе ги разбереме законите за принесувањата од Стариот Завет и нивното значење, ќе бидеме во можност да ги следиме кратенките, кои водат кон благословите, по кои ќе можеме да го сретнеме Бога и да Го доживееме преку исправното сваќање на службата кон Него.

Левит е дел од Божјото Слово коешто денес се применува кај сите оние кои што веруваат во Него. Тоа е така бидејќи, како што можеме да прочитаме во 1 Петар 2:5, "Дозволете од вас самите, како од живи камења, да се изгради духовен храм за светото свештенство, за да можете, преку Исуса Христа, да принесувате духовни жртви, коишто Му се благопријатни на Бога," секој кој што го примил спасението преку Исуса Христа, може да пристапи пред Бога, исто како што и свештениците од Старозаветните времиња го имаат направено тоа.

Книгата на Левит е поделена на два големи дела. Првиот дел примарно се фокусира на тоа како добиваме прошка за нашите гревови. Во основа се состои од законите за принесувањето жртва, за да можеме да добиеме проштевање на нашите гревови. Исто така ги опишува квалификациите и одговорностите на свештениците кои што се задолжени за понудите кон Бога, од страна на луѓето. Во вториот дел се опишани во детали гревовите коишто Божјите избраници, Неговите свети луѓе, никогаш не смеат да ги извршат. Да сумираме, секој верник мора да ја дознае волјата Божја, којашто е запишана во книгата на Левит, каде што најголем акцент е ставен на тоа како да се одржи светоста на односот со Бога.

Законите за принесувањето жртви запишани во Левит, ни ја објаснуваат методологијата, за тоа како треба да го извршуваме поклонувањето. Исто како што ние го среќаваме Бога и ги примаме Неговите одговори и благослови низ богослужбата, исто така и луѓето од Старозаветните времиња го примале проштевањето на своите гревови и ги доживувале Божјите дела преку принесувањето жртви. По Исуса Христа, сепак, Светиот Дух почнал да пребива во нас и ни било дозволено да можеме да имаме другарување со Бога, ако Му се поклонуваме во духот и вистината, среде делувањето на Светиот Дух.

Евреите 10:1 ни кажува, "Затоа што Законот ја има само сенката на идните добра, а не и самата суштина на нештата, и не може секогаш со исти жртви, што постојано секоја година се принесуваат, да ги усоврши оние кои што му пристапуваат." Ако постои некоја форма, тогаш таму е и сенката на таа форма. Денес со зборот, "форма" го означуваме фактот дека можеме да Му се поклонуваме на Бога преку Исуса Христа, а во Старозаветните времиња, луѓето ја одржувале својата врска со Бога преку принесувањето жртви, коишто ја претставувале сенката на нештата.

Понудите кон Бога мора да се дадат според соодветни правила, коишто Тој ги посакува; Бог не ги прифаќа поклоненијата понудени од страна на личноста, која што ги понудила според своите сопствени методи. Во Битие 4, можеме да прочитаме дека Бог ги прифатил понудите принесени од страна на Авел, кој што ја следел волјата на Бога, а не ги прифатил оние од страна на Каина, кој што ги принел според своите сопствени методи.

Според истото значење, постојат поклоненија коишто Му се угодни на Бога, и поклоненија коишто застрануваат од Неговите правила, па со тоа стануваат ирелевантни за Него. Законите коишто можат да се најдат во Левит, претставуваат практични информации за видот на поклонувањето, преку кое би можеле да ги примиме одговорите и благословите од Бога, коишто Му се благоугодни Нему.

2. Бог го повикал Мојсеја од Шаторот на средбата

Левит 1:1 гласи, "Тогаш ГОСПОД го повика Мојсеја и му рече од Шаторот на средбата,..." Шаторот на средбата е подвижно светилиште, што го олеснувало брзото движење на народот Израелев во пустината, и тоа било местото каде што Бог го повикал Мојсеја. Шаторот на средбата се однесува на скинијата каде што се содржани Светилиштето и Светијата на Светиите (Исход 30:18, 30:20, 39:32, и 40:2). Исто така заеднички се однесува на скинијата, како и на завесите коишто го опкружуваат дворот (Броеви 4:31, 8:24).

Следејќи го Исходот и нивното патешествие кон земјата Ханаанска, народот Израелев поминал долг период во пустината, и морал постојано да биде во движење. Поради таа причина, храмот каде што се принесувале жртвите кон Бога, не можел да биде направен од некој траен материјал, туку бил скинија, што лесно можела да се помрднува. Затоа оваа структура, исто така била наречена "храмот на скинијата."

Во Исход 35-39 се содржат специфичните детали за конструкцијата на скинијата. Самиот Бог му ги дал на Мојсеја деталите за структурата на скинијата, и за материјалите коишто требало да се употребат за нејзината конструкција. Кога Мојсеј ѝ кажал на заедницата за материјалите коишто биле неопходни за конструкцијата на скинијата, луѓето радосно донеле толку многу корисен материјал, како што биле златото, среброто, бронзата; најразличните видови скапоцени камења; сини, виолетови и црвени материјали и убави ткаенини; потоа донеле и козји влакна, овнови кожи, кожи од морски прасиња, толку многу, што Мојсеј морал да ги спречи луѓето, и да им каже да не носат повеќе, бидејќи веќе имало повеќе од доволно (Исход 36:5-7).

Значи, скинијата била изградена од доброволните дарови на заедницата. Трошоците за изградбата на скинијата, за Израелците кои што патувале кон ветената земја Ханаанска, откако го напуштиле и избегале од Египет, мора да биле енормно големи. Тие не поседувале домови, ниту земја. Не можеле да соберат богатства преку земјоделие или сточарство. Сепак, поради претчувството за Божјото ветување, Кој што им рекол дека ќе пребива меѓу нив, откако ќе Му се подготви место за Него, народот Израелев ги понел сите трошоци и ги направил сите напори за изградбата, преку голема радост и среќа.

За народот Израелски, кој што долго време страдал од страшно злоставување и тешка работа, единственото нешто за коешто копнееле над сè друго, била слободата. Па така, откако ги ослободил од ропството во Египет, Бог заповедал да се изгради скинијата, за да може Тој Самиот да пребива меѓу нив. Луѓето Израелеви немале причина да одолговлекуваат, па така скинијата била направена, придружена со радосната посветеност на Израелците, којашто била нејзината основа.

Веднаш на самиот влез во скинијата, се наоѓало 'Светилиштето', а поминувајќи низ Светилиштето, внатре се наоѓала 'Светијата на Светиите.' Тоа било најсветото место. Светијата на Светиите го вдомува Ковчегот на сведоштвото (Ковчегот на заветот). Фактот што Ковчегот на сведоштвото, којшто го содржел Словото Божјо, се наоѓал во Светијата на Светиите, бил потсетник за Божјото присуство. Ако самиот храм во целост претставувал свето место, коешто ја претставува куќата Божја, тогаш Светијата на Светиите претставувала место, коешто било специјално подготвено и сметано за најсветото од сите места. Дури и на првосвештеникот му било дозволено да влезе во Светијата на Светиите само еднаш годишно, а тоа било кога Му ги нудел на Бога понудите за грев, од страна на луѓето. Влезот бил забранет за обичните луѓе. Тоа било така, бидејќи грешниците никогаш не можат да се појават пред Бога.

Сепак, преку Исуса Христа, сите ние ја добивме привилегијата да бидеме во состојба да застанеме пред Бога. Во Матеј 27:50-51, можеме да прочитаме, "А Исус повторно извика со силен глас, и го испушти Својот дух. И ете! Завесата во храмот се расцепи надве, одозгора додолу." Кога Исус се понудил Себеси преку смртта на крстот, за да нè откупи од гревовите наши, завесата што стоела меѓу Светијата на Светиите и нас, се расцепила на два дела.

Во Евреите 10:19-20 е кажано во врска со тоа, "И така браќа, кога ја имаме смелоста да влегуваме во светото место, преку крвта на Исуса, Кој ни го отвори новиот и жив пат низ завесата, односно Неговото тело." Тоа што завесата се расцепила бидејќи Исус го жртвувал Своето тело во смртта, го означува паѓањето на ѕидот на гревот, којшто стоел помеѓу Бога и нас. Секој кој што верува во Исуса Христа, може да го прими проштевањето на гревовите и да тргне по патеката што била поплочена, за одење пред Светиот Бог. Додека во минатото единствено свештениците ја имале привилегијата да можат да застанат пред Бога, сега сите ние можеме да го оствариме директното и блиско другарување со Него.

3. Духовното значење на Шаторот на средбата

Какво значење има Шаторот на средбата за нас денес? Шаторот на средбата денес е црквата, каде што верниците можат да Му се поклонуваат на Бога, Светилиштето, всушност е телото на верниците кои што го прифатиле Господа, а Светијата на Светиите е нашето срце, во коешто пребива Светиот Дух. 1 Коринтјаните 6:19 нè потсетува, "Или не знаете дека вашето тело е храмот на Светиот Дух, Кој што е во вас, Кого го имате од Бога, па не си припаѓате само на себеси?" Откако сме го прифатиле Исуса за нашиот Спасител, Светиот Дух ни бил даден како подарок од Бога. Поради тоа што Светиот Дух пребива во нас, нашите срца и тела претставуваат свети храмови.

Исто така можеме да прочитаме и во 1 Коринтјаните 3:16-17, "Не знаете ли дека сте храм Божји, и дека Духот Божји пребива во вас? Ако некој го уништува храмот Божји, Бог тогаш него ќе го уништи, бидејќи храмот Божји е свет, а тоа сте вие." Исто како што мораме постојано да го одржуваме чист и свет видливиот храм Божји, исто така мораме постојано да ги одржуваме чисти и свети и нашите тела и срца, бидејќи претставуваат места каде што пребива Светиот Дух.

Можеме да прочитаме дека Бог ќе го уништи секого, кој што го уништува храмот Божји. Ако личноста претставува чедо Божјо и ако го има прифатено Светиот Дух, а сепак продолжи да се уништува себеси, тогаш Светиот Дух ќе биде изгаснат, и нема да има спасение за неа. Единствено кога преку нашето делување ќе ја одржуваме светоста на храмот, во којшто пребива Светиот Дух, и кога нашите срца ќе бидат во можност да го достигнат целосното спасение, ќе можеме да го оствариме директното и блиско другарување со Бога.

Затоа, фактот што Бог го повикал Мојсеја од Шаторот на средбата, означува дека Светиот Дух нѐ повикува од нас самите, и го посакува другарувањето со нас. Природно е за чедата Божји, кои што го имаат примено спасението, да го остварат другарувањето со Богот Отецот. Тие мораат постојано да се молат преку Светиот Дух, и да се поклонуваат во духот и вистината, блиско другарувајќи со Бога.

Луѓето од Старозаветните времиња не биле во состојба да го остварат блиското другарување со Светиот Дух, поради тоа што биле исполнети со гревот. Единствено првосвештениците можеле да влезат во Светијата на Светиите, којашто се наоѓала во скинијата, и да Му ги понудат жртвите на Бога, коишто Му биле принесувани од страна на луѓето. Денес на секое чедо Божјо му е дозволено да влезе во Светилиштето, каде што може да Му се поклонува, моли и да има блиско другарување со Бога. Тоа е така бидејќи Исус Христос ни ги има откупено сите наши гревови.

Кога го прифаќаме Исуса Христа, Светиот Дух почнува да пребива во нас, и го смета нашето срце за Светијата на Светиите. Понатаму, исто како што Бог го повикал Мојсеја од Шаторот на средбата, исто така и Светиот Дух нѐ повикува од длабочините на нашите срца, посакувајќи да има блиско другарување со нас. Дозволувајќи ни да го чуеме гласот на Светиот Дух и да го примиме Неговото водство, Светиот Дух нѐ води кон животот во вистината и разбирањето на Бога. За да можеме да го чуеме гласот на Светиот Дух, мораме прво да ги отфрлиме греговите и злото од нашите срца, и да станеме осветени личности. Откако ќе го достигнеме спасението, ќе можеме јасно да го чуеме гласот на Светиот Дух, а благословите ќе нѐ придружуваат како во духот, така и во телото наше.

4. Формата на Шаторот на средбата

Формата на Шаторот на средбата е навистина многу едноставна. Човек треба да помине низ влезот со ширина од околу девет метри (околу 29.5 стапки) којшто се наоѓа на источниот дел од скинијата. По влегувањето во дворот на скинијата, прво треба да се помине низ Олтарот на Сепалениците, којшто е направен од бронза. Помеѓу овој олтар и Светилиштето се наоѓа мијалникот на церемонијалниот слив, потоа доаѓа Светилиштето, додека по него се наоѓа Светијата на Светиите, којашто претставува јадрото на Шаторот на средбата.

Димензиите на скинијата составена од Светилиштето и Светијата на Светиите, е четири и пол метра (околу 14.7 стапки) во ширина, 13.5 метра (околу 44.3 стапки) во должина, и четири и пол метра (околу 14.7 стапки) во висина. Зданието стои на основа направена од сребро, со ѕидови од греди од багремово дрво,

Структурата на Шаторот на средбата

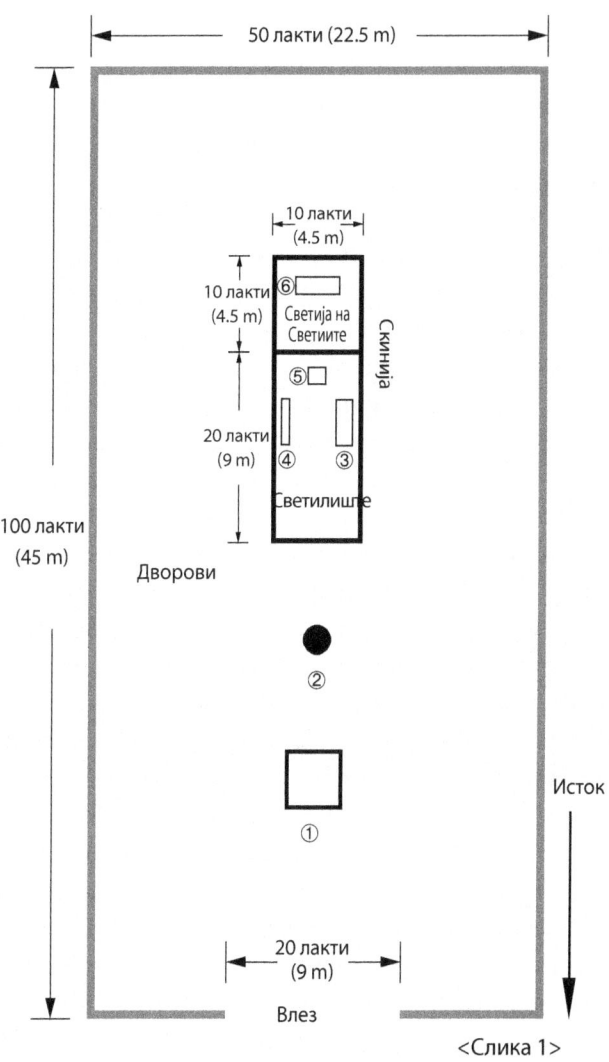

<Слика 1>

Димензии
Двор: 100 x 50 x 5 лакти
Влез: 20 x 5 лакти
Скинија: 30 x 10 x 10 лакти
Светилиште: 20 x 10 x 10 лакти
Светија на Светиите: 10 x 10 x 10 лакти
(* 1 лакт = приближно 17.7 инчи)

Прибор
1) Жртвеник за жртвите сепаленици
2) Мијалник
3) Маса за лебот на присутноста
4) Свеќник од чисто злато
5) Олтар на темјанот
6) Ковчег на сведоштвото (Ковчег на заветот)

прекриени со злато, а со кров којшто е покриен со четири слоеви на завеси. Херувимите се вткаени во првиот слој; вториот е направен од козји влакна; а третиот од овнови кожи; додека четвртиот е направен од кожите на морските прасиња.

Светилиштето и Светијата на Светиите се одделени со завеса, на којашто се исткаени херувими. Големината на Светилиштето е два пати поголема од Светијата на Светиите. Во Светилиштето се наоѓа столот за Лебот на присуството (исто така познат како принесени лебови), светилник, и Олтарот, Кадилниот жртвеник. Сите овие нешта биле направени од чисто злато. Во внатрешноста на Светијата на Светиите се наоѓал Ковчегот на сведоштвото (Ковчегот на заветот).

Ајде да го сумираме сето ова. Како прво, внатре во Светијата на Светиите се наоѓало светото место, во коешто пребивал Самиот Бог, и Ковчегот на сведоштвото, над којшто бил Престолот на милоста, којшто исто така се наоѓал на ова место. Еднаш годишно, за време на Денот на очистувањето и помирувањето, првосвештеникот влегувал во Светијата на Светиите и попрскувал крв по Престолот на милоста во името на луѓето, за да направи прочистување и помирување на луѓето со Бога. Сето што се наоѓало во Светијата на Светиите било декорирано со чисто злато. Во внатрешноста на Ковчегот на сведоштвото се наоѓале две камени плочи, на коишто биле испишани Десетте Заповеди, еден сад во кој имало малку мана, и Ароновиот стап којшто бил процветан.

Како второ, Светилиштето било местото каде што свештеникот влегувал да ги принесе понудите и каде што се наоѓал Олтарот (Кадилниот жртвеник), ламбата и столот со Лебот за присуството, сите направени од чисто злато.

Како трето, мијалникот бил сад направен од бронза. Тој во него

Слика

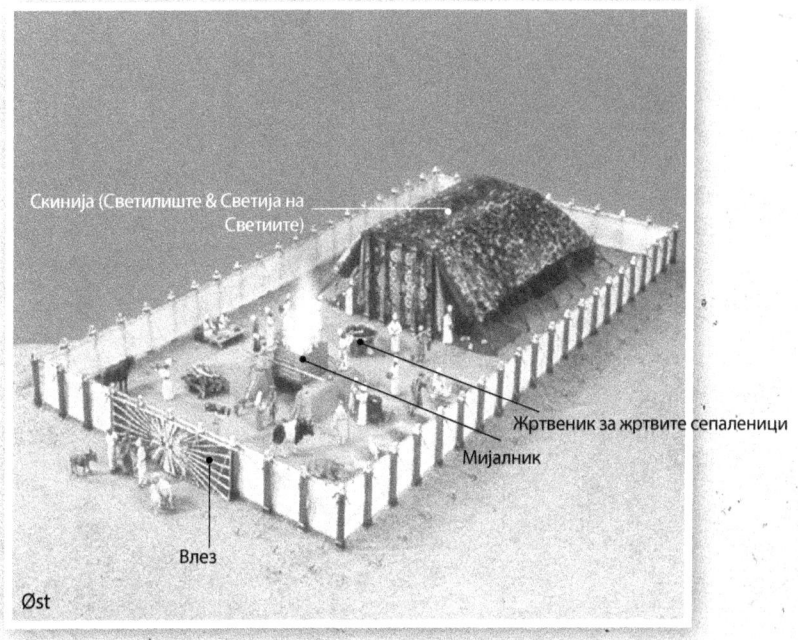

<Слика 2>

Панорамски поглед на Шаторот на средбата

Во рамките на дворот се наоѓаат жртвеникот за жртвите сепаленици (Исход 30:28), мијалникот (Исход 30:18), и Скинијата (Исход 26:1, 36:8), а надвиснати над дворовите се наоѓаат убаво извитканите завеси. Постои само еден влез од исток на Скинијата (Исход 27:13-16), и тој го симоболизира Исуса Христа, Кој што ја претставува единствената врата, преку која може да се добие спасението.

Слика

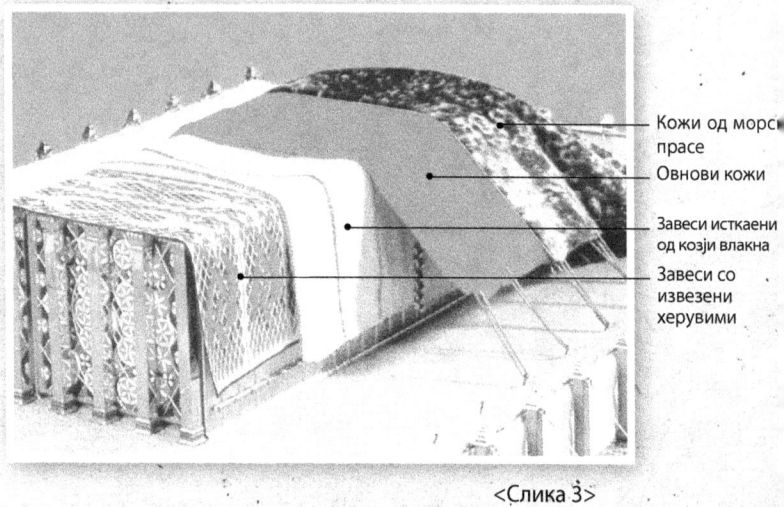

<Слика 3>

Покривките на Скинијата

Четири слоја на покривки се фрлени над Скинијата.

На дното се наоѓаат завесите со извезени херувими; горе се завесите од козји влакна; над нив се наоѓаат овновите кожи; а над нив, на самиот врв се кожите од морско прасе. Покривките од Слика 3 се покажани така, што може да се види секој слој. Со откривањето на покривките, стануваат видливи завесите од пред Светилиштето, а зад нив, олтарот на темјанот, и завесите кај Светијата на Светиите.

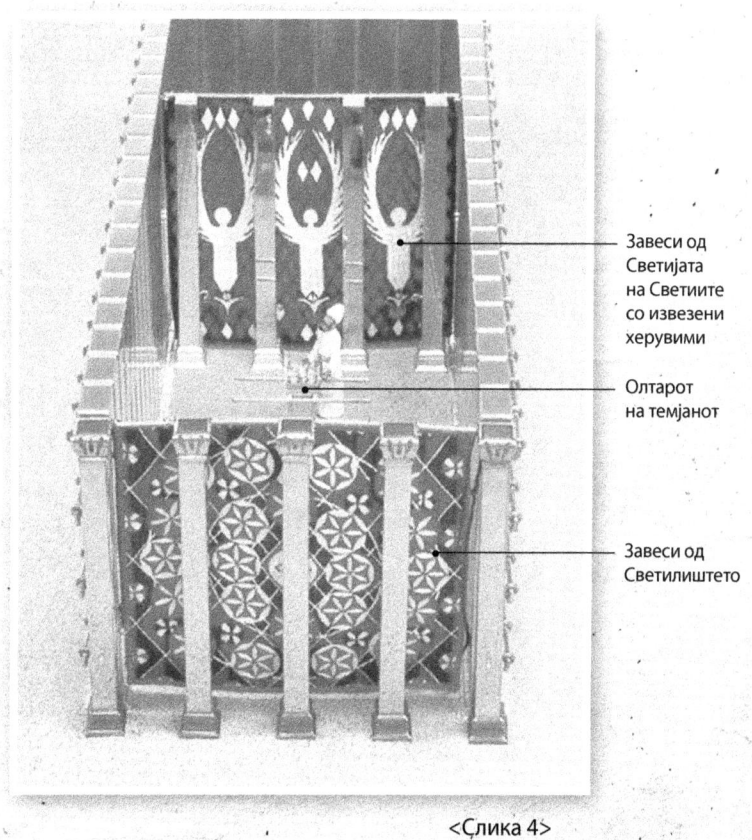

<Слика 4>

Светилиштето видено со откриени прекривки

Напред се наоѓаат завесите од Светилиштето, а одзади може да се видат олтарот на темјанот и завесите од Светијата на Светиите.

Слика

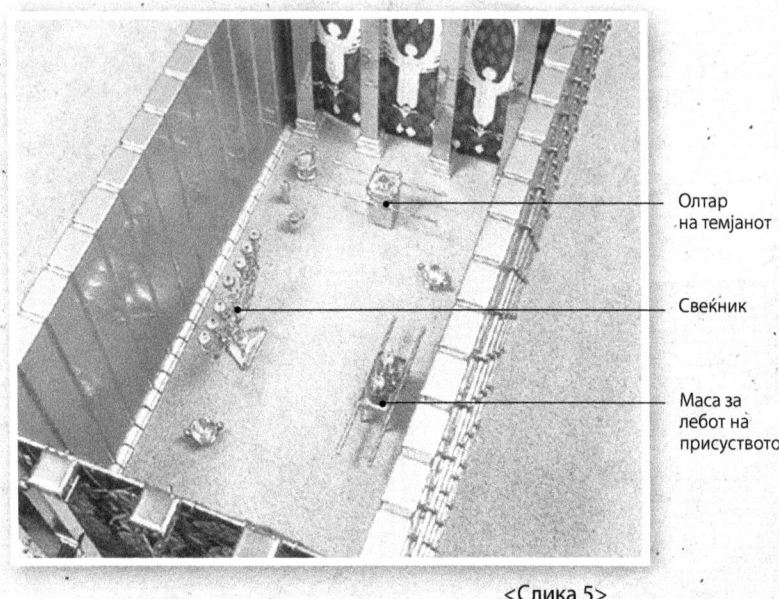

<Слика 5>

Внатрешност на Скинијата

Среде Светилиштето се наоѓа свеќникот, направен од чисто злато (Исход 25:31), масата за лебот на присуството (Исход 25:30), и кон задината се наоѓа олтарот на темјанот (Исход 30:27).

<Слика 6>

Олтар на темјанот

<Слика 7>

Маса на лебот на присуството

<Слика 8>

Свеќник

Слика

<Слика 9>

Внатрешноста на Светијата на Светиите

Задниот ѕид на Светилиштето бил отстранет, за да дозволи да се види внатрешноста на Светијата на Светиите. Видливи се и Ковчегот на сведоштвото, Очистилиштето, и во заднината се завесите од Светијата на Светиите. Еднаш годишно, првосвештеникот се облекувал во бела облека и влегувал во Светијата на Светиите, за да ја испрска крвта од жртвата сепаленица.

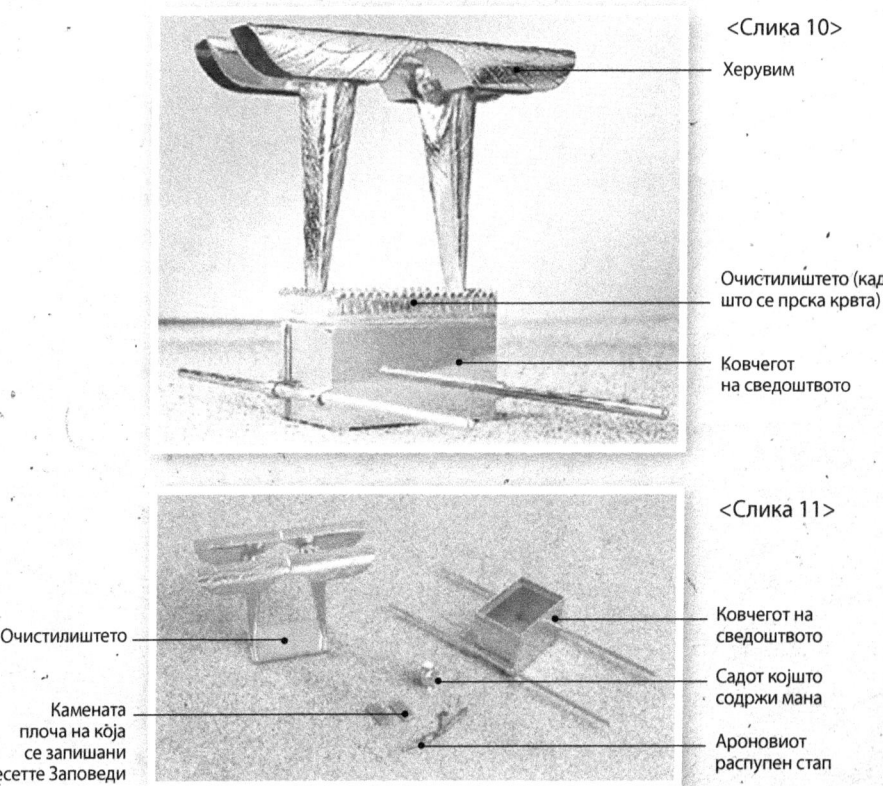

Ковчегот на сведоштвото и Престолот на милоста

Внатре во Светијата на Светиите се наоѓа Ковчегот на сведоштвото, направен од чисто злато, а одозгора од ковчегот се наоѓа престолот на милоста. Очистилиштето се однесува на прекривките за Ковчегот на сведоштвото (Исход 25:17-22), а таму, еднаш годишно, се прска крвта од жртвата. На двата краја од Очистилиштето се наоѓаат два херувима, чиишто крилја го покриваат истото (Исход 25:18-20). Во Ковчегот на сведоштвото се наоѓаат камените плочи врз кои се испишани Десетте Заповеди; садот којшто содржи мана; Ароновиот стап којшто пуштил пупки.

Слика

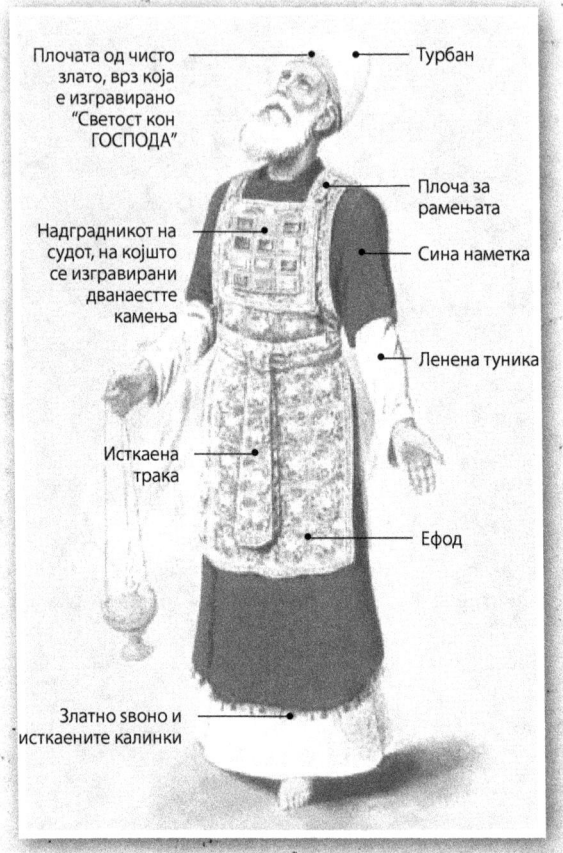

<Слика 12>

Облека на првосвештеникот

На првосвештеникот му било доверено одржувањето на Храмот, и надгледувањето на службите на принесувањето, кој еднаш годишно влегувал во Светијата на Светиите, за да Му изврши принесување кон Бога. Од секоја личност која што успеала да стигне до позицијата на првосвештеник, се барало да го има во посед Урим и Тумим. Овие два камена, кои биле користени за да се бара волјата на Бога, биле ставани на надградникот, врз ефодот што го носел. Зборот "Урим" ја означува светлината, а зборот "Тумим" ја означува совршеноста.

имал вода со којашто свештениците си ги миеле рацете и нозете, пред да влезат во Светилиштето, исто така и Првосвештеникот пред да влезе во Светијата на Светиите.

Како четврто, Олтарот за сепалениците бил направен од бронза и бил доволно солен да го издржи огнот. Огнот на олтарот "доаѓал од пред ГОСПОДА" кога скинијата била завршена (Левит 9:24). Бог исто така заповедал огнот на олтарот постојано да се одржува, никогаш да не згасне, и секој ден две едногодишни јагнења требало да се принесуваат на него (Исход 29:38-43; Левит 6:12-13).

5. Духовното значење на понудите во бикови и јагнења

Во Левит 1:2, Бог му кажал на Мојсеја, "Тогаш ГОСПОД го повика Мојсеја и му рече од Шаторот на средбата, 'Зборувај им на синовите Израелеви и кажи им, 'Кога некој од вас сака да Му принесе жртва на ГОСПОДА од добитокот свој, нека ја принесе од крупниот или ситниот добиток свој, или живина.'" За време на богослужбите, чедата Божји принесуваат разни понуди кон Него. Како додаток на десетокот, се принесуваат понуди за благодарност, изградба и олеснување. Сепак, Бог заповеда дека секој треба да принесе жртва од "крупниот или ситниот добиток, или живина." Поради тоа што овој стих во себе содржи духовно значење, не значи дека треба буквално да се придржуваме до него, туку треба прво да го сватиме тоа духовно значење и потоа да постапиме во согласност со волјата на Бога.

Какво духовно значење е содржано во принесувањето животни од стадата или живината на луѓето? Тоа означува дека мораме да Му се поклонуваме на Бога во духот и вистината, и да се понудиме себеси како жива и света жртва за Него. Тоа ја претставува "духовната служба на поклонувањето" (Римјаните 12:1). Мораме секогаш да бидеме на штрек, постојано да пребиваме во молитвата и да се посветиме себеси како жива, света жртва кон Бога, не само за време на богослужбите, туку исто така и во нашите секојдневни животи. Тогаш нашето поклонение и сите наши приноси ќе Му бидат дадени на Бога, и ќе ја претставуваат живата и света жртва, којашто Бог ќе ја смета како духовна служба на поклонението.

Зошто Бог им заповедал на луѓето Израелеви да Му принесуваат бикови и јагниња од своите стада, за разлика од другите животни? Биковите и јагнињата, за разлика од другите животни, најсоодветно го претставуваат Исуса Христа, Кој што Самиот станал жртва за помирување, заради спасението на човештвото. Ајде да ги разгледаме сличностите помеѓу 'биковите' и Исуса.

1) Биковите го носат на себе товарот на тешката работа на луѓето.

Исто како што биковите го носат на себе товарот на тешката работа на луѓето, исто така и Исус ја понел на Себе тежината на нивниот грев. Во Матеј 11:28 Тој ни кажува, "Дојдете кај Мене сите, кои што сте изморени и обременети, и Јас ќе ви дадам почивка." Луѓето се борат и ги вложуваат сите напори да го достигнат богатството, честа, знаењето, славата, престижот и моќта, и сето друго што го посакуваат во овој живот. Згора на најразличните тешкотии што ги носи на своите плеќи, човекот исто така го носи и товарот на гревот, и го живее својот живот среде испитанијата, страдањата и измачувањата од овој свет.

Исус Христос го презамал на Себе товарот и тежината на животот, станувајќи Самиот жртва, принесувајќи и леејќи ја Својата скапоцена крв заради помирението, со тоа што бил распнат на дрвениот крст. Преку верата во Господа, човекот може да ги тргне од себе сите товари и грижи на гревовите, и да ужива во мирот и смирението на душата во овој свет.

2) Биковите не им предизвикуваат проблеми на луѓето; тие единствено им прават корист.

Биковите не само што покорно ги работат тешките работи за луѓето, туку исто така носат млеко, месо и кожи. Од главата до копитата, ниеден дел од биковите не е бескорисен. Исус, исто така, им донел само корист на луѓето. Сведочејќи им за евангелието на Небесата на сиромашните луѓе, на болните, и на запоставените, Тој им ја пружил надежта и утехата, ги опуштил ланците на грешноста, и лекувал болести и немоќ кај нив. Иако Самиот не спиел, ниту јадел доволно, Тој со сите сили се трудел да ги поучува луѓето на Словото Божјо, на секој можен начин. Преку нудењето на Својот живот и прифаќајќи го распнувањето, Исус го отворил патот на спасението за грешниците, кои што се предодредени да паднат во Пеколот.

3) Биковите, со своето месо им обезбедуваат исхрана на луѓето.

Исус ги дал Своето тело и Својата крв за луѓето, за да можат тие да направат леб насушен од нив. Во Јован 6:53-54 Тој ни кажува, "Вистина, вистина ви велам, ако не го јадете телото на Синот Човечки и не ја пиете крвта Негова, нема да имате живот во себе. Оној кој што го јаде телото Мое и ја пие крвта Моја, има живот вечен, и Јас ќе го воскреснам во последниот ден."

Исус е Словото Божјо што дошло на овој свет во тело. Затоа, јадењето на телото Исусово и пиењето на крвта Негова, значи да се направи леб насушен од Словото Божјо и да се живее животот според него. Исто како што луѓето можат да го продолжат својот живот заради тоа што јадат и пијат, исто така и ние можеме да се здобиеме со вечниот живот и да влеземе во Небесата, единствено преку јадењето и правењето леб насушен од Словото Божјо.

4) Биковите ја ораат земјата и ја претвораат во плодна почва.

Исус го култивира полето на срцето на човекот. Во Матеј 13, е запишана параболата што го споредува човековото срце со четирите различни типови на земја по полињата: земјата покрај патот; карпестото поле; трновитото поле; и полето со плодна почва. Поради тоа што Исус ни ги откупил сите наши гревови, Светиот Дух потоа можел да направи пребивалиште во нашите срца и да ни ја дари силата и надежта. Срцата наши можат сега да се трансформираат во плодна почва, преку помошта од страна на Светиот Дух. Како што ја полагаме надежта во крвта Исусова, Кој што дозволил да ни бидат простени сите наши гревови, и преку вредното покорување на вистината, нашите срца веќе можат да станат плодна почва за плодовите на Духот, и ние можеме да ги примаме благословите во духот и телото, жнеејќи 30, 60, и 100 пати повеќе од тоа што сме го посеале.

Следно, кои се сличностите меѓу јагнето и Исуса?

1) Јагнињата се кротки.

Кога зборуваме за кроткоста меѓу луѓето, обично ги споредуваме со јагнињата. Исус бил најкротката личност меѓу сите луѓе на земјата. За Исуса е запишано во Исија 42:3, "Тој не ја крши напукнатата трска, ниту ја гасне светилката што тлее." Дури и кон злосторниците и перверзните личности, кон оние кои што се покајуваат, но продолжуваат да го извршуваат гревот, Исус покажал големо трпение, сѐ до самиот крај, чекајќи да се одвратат од своите патишта грешни. Иако Исус е Синот на Богот Создателот, и Го поседува авторитетот и власта да го уништи целото човештво, ако тоа Го посака, Тој сепак останал трпелив кон нас, искажувајќи ја Својата љубов, дури и кон злосторниците кои што Го распнувале.

2) Јагнето е покорно.

Јагнето покорно го следи пастирот каде и да оди, остранувајќи мирно дури и кога го шишаат. 2 Коринтјаните 1:19 гласи, "Затоа што Синот Божји, Исус Христос, Кој што проповедаше меѓу вас преку нас — преку мене, Силуан и преку Тимотеј—не беше „да" и „не", туку во Него имаше само „да", Исус не инсистирал на Својата волја, туку останал покорен кон Бога сè до Својата смрт. Низ Својот живот, Исус одел само во местата коишто биле избрани од страна на Бога, и го правел единствено она, што Бог Го посакувал од Него. На крајот, иако добро знаел дека Го очекуваат маките од распнувањето на крстот, Тој покорно го поднел истото, за да ја исполни волјата на Својот Отец.

3) Јагнето е чисто.

Јагнето коешто е едногодишно машко, и сеуште не се има парено (Исход 12:5), се спомнува тука. Јагнето на таа возраст, може да се спореди со прекрасната и чиста личност на човекот, во неговата младост – или со безгрешниот и без вина Исус Христос. Јагнињата исто така ни даваат крзно, месо и млеко; луѓето од нив имаат само корист, никогаш штета. Како што претходно е спомнато, Исус ги понудил Своето тело и Својата крв, нудејќи се во целост Себеси, заради нас луѓето. Во целосната покорност кон Богот Отецот, Исус ја исполнил волјата на Бога и го уништил ѕидот на гревот, којшто стоел помеѓу грешниците и Бога. Дури и денес, Тој продолжува со процесот на култивација на срцата на луѓето, за да можат нивните срца да се претворат во чиста, плодна почва.

Исто како што гревовите на луѓето се откупувале преку жртвувањето на биковите и јагнињата во Старозаветните времиња, исто така Исус Христос се понудил Себеси како жртвата на крстот, за да го постигне вечниот откуп за нас, низ Својата крв (Евреите 9:12). Верувајќи во овој факт, мораме да разбереме дека Исус станал жртвата, која што била достојна да биде прифатена од страна на Бога, за нашите гревови, да Му ја оддаваме вечната благодарност заради тоа и заради љубовта и милоста што ги искажал кон нас, и да се угледаме на Неговиот живот.

Глава 3

Жртва сепаленица

"Свештеникот нека ги изгори и принесе сите делови [од младиот бик] на жртвеникот, како жртва сепаленица, жртва палена за ГОСПОДА, за пријатен мирис."

Левит 1:9

1. Значењето на жртвата сепаленица

Жртвата сепаленица, првата од сите жртви запишани во книгата на Левит, е најстарата од сите видови на жртви и понуди кон Бога. Етимолошки изразот "жртва сепаленица" значи "да се подигне." Жртвата сепаленица е вид на жртва, којашто се става на жртвеникот и којашто во целост треба да биде проголтана од огнот. Таа симболично го претставува човековото целосно жртвување, неговата посветеност и доброволно служење. Угодувањето на Бога со пријатната миризба од жртвата сепаленица на местото на животните, служи за означување на фактот што Исус ги понел на себе сите наши гревови, и се понудил Себеси како целосна жртва, стунувајќи мирислива жртва кон Бога (Ефесјаните 5:2).

Угодувањето на Бога со миризбата од жртвата сепаленица, не значи дека Бог навистина ја чувствува миризбата од понудените животни. Тоа значи дека Тој ја прифаќа миризбата на срцето на личноста, која што Му ја нуди таа жртва. Бог испитува до која мерка личноста е богобојажлива и каков вид на љубов внесува во жртвата посветена кон Него. Потоа ги прима и посветеноста и љубовта од неа.

Колењето на животните, за да Му се понуди жртва сепаленица на Бога, го означува нашето лично жртвување за Него и нивото на почитувањето на заповедите коишто ни ги задал. Со други зборови кажано, духовното значење на жртвата сепаленица е искажано во живеењето на животот, посветен во целост на Словото Божјо, и нудењето на секој аспект од нашите животи кон Него, на еден чист и свет начин.

Искажано преку денешното изразување на нештата, тоа претставува израз на нашите срца, со кое се дава ветувањето дека согласно со Неговата волја, ќе ги жртвуваме и посветиме своите животи за Кралството Божјо, ревносно присуствувајќи на сите богослужби за Велигден, за Празникот на жетвата, за денот на

Благодарноста, Божиќ и на секоја неделна служба. Поклонувањето кон Бога секоја недела, и одржувањето на светоста на неделните богослужби, претставува доказ дека сме чеда Божји и дека нашите духови Му припаѓаат на Бога.

2. Жртвата посветена како жртва сепаленица

Бог заповедал жртвата посветена да биде жртва сепаленица, треба да биде "животно од машки пол, без никаква мана, или дефект," со што симболично се претставува совршеноста. Бог ги посакува за жртва животните од машки пол, бидејќи машките воопштено се сметаат за поверни кон принципите, од жените. Машките не осцилираат наваму-натаму, или налево-надесно, не се лукави и не се колебаат лесно. Исто така, фактот што Бог ги посакува животните "без дефект" го означува фактот дека, личноста која што Му се поклонува на Бога во духот и вистината, не смее да врши поклонение понесена од скршениот дух во себе.

Кога на нашите родители им подариме некои дарови, тие со радост ги прифаќаат истите, ако им ги подариме со љубов и грижа за нив. Ако неволно им ги понудиме, нашите родители сигурно нема со радост да ги прифатат. Според истиот тој принцип, Бог нема да го прифати поклонението кон Него, ако тоа е извршено без радост, или низ замор, поспаност, или проследено со празни размислувања за други нешта. Тој со радост ќе ги прифати поклоненијата, единствено ако тие доаѓаат од длабочината на нашите срца, исполнети со надежта за Небесата, благодарноста за милоста и спасението, и големата љубов за Господа. Единствено и само тогаш, Бог ќе ни го покаже патот за излез од искушенијата и испитанијата, да ги избегнеме страдањата, и ќе ни дозволи да напредуваме во сите нешта.

"Младиот бик" којшто Бог заповедал да биде принесен како жртва сепаленица во Левит 1:5, се однесува на млад бик којшто сеуште се нема парено, а во духовна смисла се однесува на чистотата и интегритетот на Исуса Христа. Затоа во овој стих е искажана желбата, сите ние да пристапиме кон Бога со чисто и искрено срце, слично на она кај децата. Тој со тоа не кажува дека треба да се однесуваме детинесто или незрело како личности, туку посакува да се угледаме на едноставноста и чистотата на срцата на децата, коишто се едноставни, покорни и скромни.

Роговите на младиот бик сеуште не му се израснати, па затоа не може да прободе и во себе го нема злото. Овие црти се истите оние коишто Му припаѓаат на Исуса Христа, Кој што е нежен, скромен и кроток како дете. Како што Исус Христос е безгрешен и совршен Син Божји, така и жртвата треба да наликува на Него, и да биде безгрешна и совршена.

Во Малахија 1:6-8 Бог строго ги прекорува луѓето Израелеви, кои што Му понудиле несовршени понуди како жртва:

"Синот го почитува таткото, а слугата господарот свој. Но, ако Сум Јас Татко, каде е тогаш почитувањето кон Мене? Ако Сум Јас Господар, каде е тогаш стравот од Мене?" тоа ви го кажува ГОСПОД Саваот. О свештеници, кои што го презирате името Мое, а прашувате, "Со што го презревме името Твое?" "Принесувате обесветен леб врз жртвеникот Мој, и уште прашувате, 'Со што Те обесветивме?' Со тоа што велите, 'ГОСПОДОВИОТ стол е неважна работа.' А кога за жртва принесувате слеп добиток, зар тоа не е зло? И кога принесувате хромо и болно, зар тоа не е зло? Донеси му такво нешто на намесникот свој, па види дали ќе биде задоволен, и дали добро ќе те прими?" кажува ГОСПОД Саваот.

Мораме да Му принесеме на Бога совршено чисти, безгрешни понуди, поклонувајќи Му се во духот и вистината.

3. Значењето на различните видови на понуди

Богот на правдата и милоста погледнува во срцето на човекот. Затоа Тој повеќе се интересира за интезитетот на грижата со којашто Му биле понудени жртвите, во согласност од дадената ситуација, отколку за големината, вредноста или трошокот, направен за жртвата што треба да Му биде понудена. Како што ни кажува во 2 Коринтјаните 9:7, "Секој нека даде онака, како што одлучил во срцето свое, а не со жалење или под принуда, затоа што Бог го сака радосниот дарител," Бог со радост ја прифаќа жртвата, ако Му ја понудиме со радост, во зависност од дадената ситуација.

Во Левит 1, Бог во детали објаснува какви млади бикови, јагниња, јариња и птици, треба да бидат понудени како жртви. Иако младите бикови без било каков дефект се најсоодветни за жртва сепаленица принесена кон Бога, некои луѓе не можат да си го дозволат тоа. Затоа, во Својата милост и сочувство, Тој им дозволува на луѓето да Му принесат јагниња, јариња, или гулаби, во согласност со индивидуалната ситуација и дадените услови. Какво духовно значење е содржано во ова?

1) Бог ги прифаќа понудите коишто Му се нудат во согласност со можностите на секоја личност.

Финансиската состојба и дадените услови можат да варираат во зависност од личностите; малата количина за некои луѓе, претставува голема количина за други. Заради таа причина, Бог со радост ги прифаќа јагнињата, јарињата или гулабите, принесени како жртви од луѓето, во зависност од можностите на секој од нив. Бог во Својата праведност и љубов, им дозволува на сите луѓе, без разлика дали се богати или сиромашни, да земат учество во принесувањето жртва, во согласност со сопствените можности на секој од нив.

Бог нема со радост да ја прифати жртвата во јаре, коешто Му е понудено Нему од некоја личност која што може да си дозволи да жртвува млад бик. Но, Бог со радост ќе ја прифати жртвата во млад бик, од некоја личност која што може да си дозволи само јагне, и веднаш ќе ѝ одговори на нејзините молитви и желби на срцето. Било да жртвата сепаленица е млад бик, јагне, јаре или гулаб, Бог со радост ја прифаќа "пријатната мирисба" којашто Му е благоугодна и благопријатна (Левит 1:9, 13, 17). Ова значи дека, додека постојат разлики во степенот на понудите коишто се принесуваат како жртви, ако Му ги понудиме на Бога од сè срце, тогаш Бог, Кој што може да погледне во срцето на луѓето, нема да прави разлика во жртвите, бидејќи сите ќе Му бидат благоугодни и благопријатни.

Во Марко 12:41-44 е опишана една сцена, во којашто Исус ја пофалува сиромашната вдовица, која што принела понуда. Двата бакреници коишто ги дала, претставувале мала парична вредност, но за неа, во дадената ситуација, тие го претставувале сиот нејзин имот. Без разлика колку и да е мала понудата, ако таа е дадена од сè срце и со радост, ќе му биде благоугодна и благопријатна на Бога.

2) Бог го прифаќа поколонувањето, во согласност со интелектот на секоја личност.

При слушањето и читањето на Словото Божјо, разбирањето и благодетта варираат во согласност со интелектот на секоја личност, на нејзината образовна позадина и знаење. Дури и во една иста богослужба, разбирањето кај некои луѓе, кои што се побистри и кои што имаат повеќе студирано, способноста за сваќањето и запомнувањето на Словото Божјо се поголеми од оние, кај кои интелектот е помал и кои што не поминале долго време во студирање и учење. Бог го знае овој факт, па затоа посакува секоја личност да Му се поклонува од длабочината на своето срце, во согласност со својот интелект и знаење, живеејќи го животот според

Словото Божјо.

3) Бог го прифаќа поклонението, во согласност со возраста и менталната острина на личноста.

Како што старeат луѓето, така се намалува и нивната можност за разбирање и помнење. Тоа е причината поради која, некои постари личности не можат да го сватат и запаметат Словото Божјо. Ако таквите личности ревносно, со искрено срце, се посветат себеси кон поклонението, Тој со радост го прифаќа истото од нив.

Имајте на ум едно нешто. Ако една личност врши поклонение среде инспирацијата од Светиот Дух, тогаш силата Божја ќе биде со неа, дури и да ѝ недостасува мудрост и знаење, или да е на постара возраст. Преку делувањето на Светиот Дух, Бог ќе ѝ помогне да го свати и да направи леб насушен од Словото Божјо. Па затоа немојте да се откажувате, кажувајќи, "Не ми оди" или "Се обидов, но сеуште не можам да сватам," туку осигурете се дека ќе ги направите сите напори од длабочината на своите срца, барајќи ја силата од Бога. Нашиот Бог на љубовта, со радост ќе ги прифати понудите коишто Му се даваат, ако во нив се внесени големи напори, коишто ќе соодветствуваат со условите и дадената ситуација на таа личност. Тоа е причината поради која Бог, во книгата на Левит, во детали ги запишал нештата коишто се однесуваат на жртвите сепаленици, и ја прогласил Својата правда.

4. Нудењето бикови (Левит 1:3-9)

1) Млади бикови без недостаток, пред влезот на Шаторот на средбата

Во склоп на скинијата се Светилиштето и Светијата на Светиите. Единствено свештеникот можел да влезе во Светилиштето, а единствено првосвештеникот, еднаш годишно, можел да влезе во Светијата на Светиите. Затоа обичните луѓе, кои што не можеле да влезат во Светилиштето, ги принесувале своите жртви сепаленици на влезот на Шаторот на средбата.

Сепак, откако Исус го уништил ѕидот на гревот, којшто стоел меѓу нас и Бога, ние можеме директно и непосредно да другаруваме со Бога. Луѓето од Старозаветните времиња ги принесувале жртвите сепаленици на влезот на Шаторот на средбата, покажувајќи ги своите дела. Сепак, откако Светиот Дух направил храм од нашето срце, почнал да пребива во него, и почнал да другарува со нас, денес, оние од нас, кои што го добиле правото да застанат пред Бога, можат да влезат во Светијата на Светиите.

2) Положување на раката врз главата на жртвата сепаленица, за да ѝ се припише гревот и потоа да се убие

Во Левит 1:4 па натаму, можеме да прочитаме, "Нека ја стави раката своја врз главата на жртвата сепаленица, за да биде прифатена и да стане откуп за гревот наместо него. Потоа нека го заколе јунецот пред ГОСПОДА." Положувањето на раката врз главата на жртвата сепаленица, претставува симболично припишување на гревот од личноста на жртвата сепаленица, бидејќи само така Бог може да ѝ даде проштевање за гревот, преку крвта од жртвата сепаленица.

Положувањето на раката, како дополнение на припишувањето на гревот, исто така ги означува и благословите и помазанието. Знаеме дека Исус ја положувал Својата рака врз луѓето, кога ги благословувал децата или кога ги исцелувал болните, ослободувајќи ги од страдањата на болестите или слабостите. Ставајќи ја раката, апостолите го повикувале Светиот Дух да се всели во луѓето, а даровите кои ги примале, станувале уште пообилни. Исто така, положувањето на раката го носи значењето дека некој објект Му се нуди на Бога. Ако свештеникот ја положи својата рака на различните понуди, тоа означува дека тие Му биле понудени на Бога.

Благословите коишто се кажуваат при завршувањето на богослужбите, или при затворањето на молитвените средби, се наменети за радосно примање на богослужбите од страна на Бога. Во Левит 9:22-24 можеме да прочитаме за една сцена, каде што Првосвештеникот Арон "ги подигна рацете свои кон народот и го блгаослови" откако Му ги принел на Бога жртвите за грев и сепалениците, во согласност со начините коишто Бог ги барал и дал инструкции за нив. Откако ќе ја зачуваме светоста на денот Господов, и ќе ја затвориме богослужбата со благословување, Бог нѐ заштитува од непријателот ѓаволот и Сатаната, исто како и од искушенијата и страдањата, и ни дозволува да уживаме во обилните благослови коишто ќе нѐ опсипат.

Какво е значењето на тоа, човек да заколе млад бик без дефект, како жртва сепаленица? Бидејќи платата за гревот е смртта, човекот ги жртвува животните наместо себе. Младиот бик, којшто сеуште не се има парено, е прекрасно младо и невино животно, коешто наликува на дете. Бог посакува секоја личност да Му ја принесе жртвата сепаленица, со срце коешто наликува на срцето на невиното, чисто дете, и никогаш повеќе да не го повтори гревот. Значи Тој посакува секоја личност да се покае за своите гревови и да си го исчисти срцето свое.

Апостолот Павле бил свесен што е желбата Божја, па затоа, дури и по примањето на прошката за своите гревови, и примањето на авторитетот и силата како чедо Божјо, тој "секојдневно умирал." Во 1 Коринтјаните 15:31, тој се исповедал, "Со вашата пофалба, браќа, која ја имам во Христа Исуса, нашиот Господ, јас умирам секој ден," бидејќи можеме да го понудиме нашето тело, како света и жива жртва кон бога, единствено откако ќе го отфрлиме сето она што е во спротивност со Бога, како на пример срцето полно со невистини, ароганцијата, алчноста, мисловните рамки создадени од нашите сопствени мисли, нашата сопствена праведност и сето друго што е зло.

3) Свештеникот ја прска крвта околу жртвеникот

Откако ќе го заколе младиот бик, врз кого биле припишани гревовите на личноста која што ја принесува жртвата, свештеникот ја прска крвта околу жртвеникот, којшто се наоѓа на влезот од Шаторот на средбата. Така се прави, затоа што, како што е кажано во Левит 17:11, "Затоа што животот на телото е во крвта, и ви ја дадов за да можете на жртвеникот да барате откуп за душите свои; затоа што крвта е таа, преку која го покривате гревот на душата," крвта го симболизира животот. Поради истата причина, Исус ја пролеал Својата скапоцена крв, за да ни ги откупи гревовите наши.

"Околу жртвеникот" ја означува насоката, исток, запад, север или југ, или поедноставно кажано, 'каде и да оди човекот.' Прскањето на крвта "околу жртвеникот" значи дека гревовите на човекот ќе му бидат простени, каде и да оди. Тоа значи дека ќе ни биде дадена прошка за нашите гревови, извршени на било кој начин, и ќе примиме насока каде Бог сака да одиме, избегнувајќи ги правците кои Тој би сакал да ги избегнеме.

Истиот принцип е и денес. Жртвеникот е проповедалницата од каде што се прогласува Словото Божјо, а слугата Божји кој што ја води богослужбата, ја игра улогата на свештеникот што ја прска крвта наоколу. За време на богослужбите го слушаме Словото Божјо, во верата и силата којашто ни се дава преку крвта на нашиот Господ, за да ја добиеме прошката за сите гревови наши, коишто биле во спротивност на волјата Божја. Откако ќе ни бидат простени гревовите преку крвта, мораме да тргнеме во правецот којшто ни се наложува од страна на Бога, гледајќи никогаш повторно да не паднеме во грев.

4) Дерењето на кожата на жртвата сепаленица и нејзиното сечење на парчиња

Животното што се принесува како жртва сепаленица, прво мора да биде одрано и потоа целосно проголтано од страна на огнот. Кожите на животните многу тешко горат, па затоа е тешко целосно да изгорат, а исто така оддаваат и многу непријатна миризба. Затоа, за да може животното да стане жртва којашто ќе оддава пријатна арома кон Бога, тоа мора да биде одрано. Со кој аспект од денешната богослужба би можеле да ја споредиме оваа процедура?

Бог ја чувствува миризбата на срцето, на личноста која што Му се поклонува, и никогаш не би прифатил ништо што не оддава пријатна миризба. За да можеме да Му се поклонуваме на Бога, нудејќи Му ја пријатната арома од нашето поклонение, мораме да ги "отфрлиме од нас сите нешта коишто се извалкани со световното, и да застанеме пред Него на еден свет, обожувачки начин." Во текот на нашите животи наидуваме на различни аспекти од животот, што можеби не се сметаат за грешни, но од друга страна пак, не можат ниту да се сметаат за Божји или свети. Таквите световни нешта може да се јават кај нас, поради тоа што сме ги имале во нас, уште пред да го започнеме нашиот живот во Христа. Едни од нив се екстраваганцијата, суетата и фалбациството.

На пример, некои луѓе сакаат да одат по трговските центри за да ги 'разгледуваат продавниците', па затоа продолжуваат да одат на шопинг, само заради навика. Други пак се навлечени на гледањето телевизија или на играњето видео игри. Ако срцата ни се оддадат на таквите нешта, тогаш се оддалечуваме од љубовта Божја. Ако би се преиспитале себеси, сигурно дека би можеле да најдеме некои појави коишто се поврзани со невистините и се извалкани од светот и световното, а тоа значи дека сме несовршени пред Бога. За да станеме совршени пред Бога, мораме да ги отфрлиме сите овие нешта. Ако Му се поклонуваме на Бога, прво што мораме да направиме е да се покаеме за сите световни нешта во нашите животи, трудејќи да ги направиме нашите срца што побожествени и што посвети.

Покајанието за грешните, нечисти и несовршени нешта, коишто се извалкани со световното, пред да ѝ се одадеме на богослужбата, е исто што и дерењето на кожата на животните што се принесувале како жртви сепаленици. За да можеме да го исполниме ова, мроаме да си ги припремиме срцата на тој начин, што ќе пристигнеме порано на богослужбите. Мораме да се осигураме дека ќе ја понудиме молитвата благодарница на Бога, заради проштевањето на сите наши гревови и заради заштитата којашто ни ја пружа, принесувајќи ја покајничката молитва и испитувајќи ги нашите срца.

Кога една личност ќе Му принесе некое животно како жртва на Бога, коешто претходно било одрано, исечено на парчиња и проголтано од огнот, Бог ѝ возвраќа со проштевање на престапите и гревовите, дозволувајќи му на свештеникот да ги искористи кожите за нему познати цели. "Сечењето на парчиња" се однесува на сечењето на главата на животното, нозете, колковите, задните четвртини, и одвојувањето на внатрешните органи.

Кога на некои постари личности им нудиме овошје, ние не им ги даваме цели; ги лупиме и ги правиме да изгледаат порепрезентативно. Па така, на истиот тој начин, Му ги нудиме понудите на Бога, не ги гориме сите делови од сепаленицата наеднаш, туку по строго одреден, организиран начин.

Какво е значењето на "сечењето на парчиња" на понудите кон Бога?

Како прво, се прави категоризација на различните видови на поклонение коишто Му ги нудиме на Бога. Постојат Неделни утрински и вечерни богослужби, Вечерни богослужби во среда и

Петочни целовечерни богослужби. Поделбата на богослужбите е слична на "сечењето на парчиња" на овие принесени жртви кон Бога.

Како второ, поделбата на содржината на нашата молитва, исто така е слична на "сечењето на парчиња" на понудите кон Бога. Воопштено, поклонението се дели на покајничката молитва и на молитвата за истерувањето на злите духови, а потоа следи молитвата благодарница. Потоа изразот се однесува на темите коишто се обработуваат во црквата; изградбата на Светилиштето; на свештениците и на црковните службеници; на должностите коишто се извршуваат од една личност; на просперитетот на душата на една личност; на желбите на срцето на една личност, и на молитвата со која се завршува поклонението.

Се разбира, можеме да се молиме додека шетаме по улица, додека се возиме или одмораме од работа. Можеме во смирение да другаруваме со Бога, медитирајќи за Него и за нашиот Господ. Имајте го на ум тоа, дека освен медитирањето, постоењето молитви за различни нешта и теми, коишто се со иста важност како сечењето на принесената жртва на делови. Тогаш Бог радо ќе ја прифати молитвата од вас, и веднаш ќе ве израдува со Неговиот одговор.

Како трето, "сечењето на парчиња" на понудите го означува тоа дека Словото Божјо е поделено на 66 книги во Библијата. 66-те книги од Библијата во целост го објаснуваат живиот Бог и провидението за спасението преку Исуса Христа. Словото Божјо е поделено во одделни книги, а Неговото Слово е поврзано, без никакви разлики меѓу нив. Ако Словото Божјо се подели на категории, тогаш е полесно посистематски да се пренесе волјата Божја, и полесно ни е нам, да направиме леб насушен од него.

Како четврто и најважно од сите до сега, "сечењето на парчиња" на принесените жртви, означува дека самото поклонение е поделено и создадено од различни компоненти. Покајничката молитва пред почнувањето на богослужбата е проследена со првата компонента, кратката медитација којашто нѐ припрема за почетокот на службата, самата богослужба, и крајот на богослужбата кој се одвива или со Молитвата кон Господа, или со благословувањата. Меѓу почетокот и крајот, има само прогласување на Словото Божјо, но може да има и посредничка молитва, пофалници, читање на пасуси, понуди и некои други компоненти. Секој од овие делови носи едно свое специфично значење, а поклонението коешто се одвива по еден специфичен ред, е еквивалентно на сечењето на парчиња на жртвената понуда којашто Му се принесува на Бога.

Исто како што горењето на сите делови коишто се дел од жртвата го комплетира жртвувањето на жртвата сепаленица, исто и ние мораме да се посветиме себеси во целост кон поклонението кон Бога, од самиот почеток па сѐ до крајот, во целост. Личностите кои што присуствуваат на богослужбите не смеат да доаѓаат доцна, или да ја напуштат истата пред време, заради некои лични проблеми, освен ако тоа е навистина неопходно. Некои луѓе мораат да исполнат некои специфични должности за црквата, како на пример доброволното служење како помошници, па во такви случаи се дозволува предвременото напуштање на службата. Некои луѓе можеби навистина посакуваат да стигнат на време за Вечерните богослужби во средите, или за Петочните целовечерни богослужби, но поради работата или некои други нешта, стигнуваат доцна. Но, Бог секако ќе погледне во нивните срца и ќе ја прими пријатната миризба од нивното поклонение.

5) Свештеникот го пали огнот на жртвеникот и става дрва во огнот

Откако жртвата ќе биде исечена на парчиња, свештеникот мора да ги смести сите делови на жртвеникот и да ги запали. Затоа свештениците имаат инструкции да "запалат оган на жртвеникот и нека стават дрва во огнот." Тука, "огнот" во духовна смисла го означува огнот на Светиот Дух и "ставањето дрва во огнот" се однесува на контекстот и содржината на Библијата. Секое Слово во 66-те книги од Библијата треба да се употреби како дрво за огнот. "Ставањето дрва во огнот" во духовна смисла значи правење леб насушен од секое Слово од контекстот од Библијата, среде делувањето на Светиот Дух.

На пример, во Лука 13:33 Исус кажува, "Но денес, утре и задутре треба да патувам, затоа што не бива еден пророк да загине надвор од Ерусалим." Обидот буквално да се свати овој стих би бил залуден, поради тоа што знаеме дека голем број на Божји луѓе, као на пример апостолите Павле и Петар, умреле "надвор од Ерусалим." Во тој стих, сепак, "Ерусалим" не се однесува на физичкиот град, туку на градот што ги носи волјата и срцето на Бога, а тоа е "духовниот Ерусалим," а што всушност е "Словото Божјо." Затоа, "затоа што не бива еден пророк да загине надвор од Ерусалим" означува дека еден пророк живее и умира во рамките на Словото Божјо.

Сваќањето на прочитаното Слово од Библијата и чуеното за време на проповедите, за време на богослужбите, може единствено да се направи преку инспирацијата дадена од страна на Светиот Дух. Било кој дел од Словото Божјо којшто е надвор од човечките можности за сваќање, знаење, мисли и размислувања, може да се свати преку инспирацијата од страна на Светиот Дух, што потоа води кон длабоката вера од сè срце. Да сумираме, личностите можат духовно да напредуваат и растат единствено тогаш, кога го сваќаат Словото Божјо преку инспирацијата дадена од страна на Светиот Дух, а што на крајот резултира со тоа, што им се пренесува срцето на Бога, коешто фаќа корен во нивните срца.

6) Уредувањето на деловите, главата и лојта над дрвата за огнот, што гори на жртвеникот

Левит 1:8 гласи, "Потоа синовите Аронови, свештениците, нека запалат оган на жртвеникот, и нека стават дрва во огнот." За да се принесе жртвата сепаленица, свештениците треба да ги наредат исечените делови од жртвата, како и главата и лојот.

Горењето на главата на принесената жртва го означува горењето на сите мисли на невистината, што произлегуваат од нашите глави. Тоа е така затоа што нашите мисли извираат од главата, и најголемиот број на гревови прво се раѓаат во главата. Луѓето од овој свет нема да осудат некоја личност за грешник, ако гревот не изрази во дело. Но, како што можеме да прочитаме во 1 Јован 3:15, "Секој кој што го мрази братот свој е убиец," Бог ни кажува дека и самото носење на омразата во себе, претставува грев.

Исус, пред 2000 години ги презимал на Себе и ги откупил сите наши гревови. Тој ги откупил не само гревовите што ги извршуваме со рацете и нозете, туку исто така и оние кои што ги правиме во нашите глави и умови. Исус бил прободен низ рацете и нозете за да ги откупи нашите гревови извршени со рацете и нозете, а ја носел круната од трње за да нé откупи од гревовите што ги извршуваме во мислите, што произлегуваат од нашите глави. Бидејќи веќе ни се простени гревовите што ги правиме во мислите, не мораме да Му ја нудиме на Бога главата од животното што се принесува како жртва. Наместо неа, треба да ги изгориме нашите мисли преку огнот од Светиот Дух, а тоа ќе го направиме преку отфрлањето на невистините и пребивањето во мислите на вистината цело време.

Ако цело време пребиваме во вистината, нема повеќе да ги носиме во себе мислите на невистината или некои други празни размислувања. Светиот Дух ги наведува луѓето кон отфрлањето на празните размислувања, кон концетрирањето на пораката којашто се проповеда, а со тоа таа се втиснува во нивните срца, па тие стануваат способни да Му го понудат на Бога духовното поклонение, што ќе му буде благоугодно и што ќе го прифати.

Понатаму, лојот, којшто претставува цврста маснотија од

животните, е извор на енергија и живот. Исус станал жртва, пролевајќи си ја сета Своја крв и вода. Ако веруваме во Исуса како во нашиот Господ, нема повеќе да имаме потреба да Му нудиме лој од животните, на Бога.

Но, "верувањето во Господа" не се исполнува преку едноставното исповедање со уснитe, "Верувам." Ако навистина веруваме дека Господ нé спасил и ги откупил нашите гревови, тогаш треба да го отфрлиме гревот, да се трансформираме себеси преку Словото Божјо, и со сите сили да се обидуваме да живееме свети животи. Дури и за време на поклонението, секогаш мораме со сета сила да се трудиме – со нашето тело, срце, волја и крајни напори – за да Му ги понудиме на Бога духовното поклонение и богослужба. Личноста која што со сите сили и напори ја изведува богослужбата, нема едноставно да го складира Словото Божјо во својата глава, туку ќе се труди да го исполни истото во своето срце. Единствено кога Словото Божјо ќе биде исполнето во срцето на една личност, тоа може да стане живот, сила и благослов во духот и телото.

7) Свештеникот ги мие со вода внатрешните органи и нозете на жртвата, и сето тоа го принесува кон Бога, преку огнот и димот од жртвеникот

Додека другите делови можат да се принесат и понудат онакви какви што се, Бог заповеда дека внатрешните органи и нозете треба да се измијат со вода пред принесувањето, бидејќи претставуваат нечисти делови од животното. "Миењето со вода" се однесува на миењето на нечистотиите коишто личноста што ја принесува жртвата, ги има во себе. Кои би можеле да бидат тие нечистотии, што би требало да бидат измиени? Додека луѓето од Старозаветните времиња го изведувале прочистувањето преку чистењето на понудите, луѓето од Новозаветните времиња треба да ја измијат нечистотијата од своите срца.

Во Матеј 15 е претставена една сцена, во којашто Фарисеите и книжниците ги прекоруваат Исусовите ученици заради тоа што седнале да јадат без да ги измијат рацете. Исус им одговорил, "Човекот не го валка она што влегува низ устата негова, туку она што излегува од неа" (с. 11). Ефектите на она што влегува преку устата на човекот завршуваат со нивното излегување од телото; но, она што излегува од неа, произлегува од срцето на човекот и има долгорочни ефекти. Исус продолжува во стиховите 19-20, "Затоа што од срцето произлегуваат зли мисли, убиства, прељуби, блудства, кражби, лажни сведоштва, хули. Тоа се нештата коишто го онечистуваат човекот; а јадењето со неизмиени раце, не го онечистува човекот," мораме, преку Словото Божјо, да го исчистиме гревот и злото од срцата наши.

Колку повеќе Божјото Слово навлегува во срцата наши, толку повеќе грев и зло ќе бидат елиминирани и исчистени од нас. На пример, ако една личност прави леб насушен од љубовта и живее според тоа, тогаш омразата лесно ќе може да биде елиминирана. Ако личноста прави леб насушен од скромноста, таа лесно ќе ја замени арогантноста. Ако личноста прави леб насушен од вистината, лесно ќе исчезнат лагата и измамата. Колку повеќе една личност прави леб насушен од вистината и го живее својот живот според неа, толку повеќе од грешната природа ќе може да отфрли од себе. Со тоа, природно верата постојано ќе расте и ќе ја достигне мерката на верата, на нивото што припаѓа на исполнетоста со Христа. Сѐ до нивото на оваа вера, силата Божја и авторитетот ќе ја следат таквата личност. Таа тогаш, не само што ќе ги прима одоворите на желбите од своето срце, туку воедно ќе ги доживее и обилните благослови во секој аспект од својот живот.

Единствено кога внатрешните органи и нозете ќе бидат измиени и ставени на огнот, тие ќе можат да одадат пријатна арома којашто ќе се подига кон Господа Бога. Левит 1:9 го дефинира тоа како "жртва палена за ГОСПОДА, за пријатен мирис." Ако Му го понудиме на

Бога духовното поклонение во духот и вистината, во согласност со Словото Негово за сепалениците, тогаш таквото поклонение ќе претставува понуда преку огнот, којашто ќе Му биде благоугодна на Бога, и којашто ќе биде во состојба да ги донесе одговорите Негови на молитвите наши. Нашето срце на поклонението тогаш ќе претставува пријатната миризба пред Бога и ако аромата Му биде благоугодна, Тој ќе ни го подари просперитетот во секој аспект од нашите животи.

5. Нудењето овци или кози (Левит 1:10-13)

1) Јагнето или јарето без недостаток

Идентично на понудите на јунците, исто така и понудите во овци или кози, мораат да бидат во јагнища или јарища без недостаток, и да бидат од машки пол. Во духовна смисла, принесувањето на жртвата којашто е невина, се однесува на поклонението пред Бога со совршеното срце, обележено со радоста и благодарноста. Божјата заповед дека треба да се понуди животно од машки пол, го означува, "поклонението со исчистено срце, во кое нема колебање." Додека понудата може да се разликува во зависност од финансиските можности на личноста, нејзиното однесување мора секогаш да биде свето и совршено, што се однесува до принесувањето на жртвата.

2) Принесената жртва мора да биде заклана на северната страна од жртвеникот, а свештеникот треба со крвта да ги попрска сите четири страни од него

Како и во случајот на понудите во бикови, целта на прскањето на крвта од животното на сите страни од жртвеникот, се врши заради примањето проштевање за гревовите, извршени било каде— било да е тоа на исток, на запад, на север, или на југ. Бог дозволува откупот на гревовите да се случи преку крвта од жртвуваното животно, наместо тоа да биде крвта од човекот.

Зошто Бог заповедал жртвите да бидат заклани на северниот дел од жртвеникот? "Северно" или на "северната страна" во духовна смисла ги симболизира студот и темнината; тоа е израз којшто често се користи за да се искаже нешто што Бог сака да го дисциплинира или прекори, и претставува нешто со што Тој не е задоволен.

Во Еремија 1:14-15 читаме,

"Злото ќе избувне од север против сите жители на оваа земја. Затоа што, ете, Јас Бог ќе ги повикам сите семејства на кралствата северни," прогласува ГОСПОД; "и тие ќе дојдат, и секое од нив ќе го стави престолот свој на влезот од Ерусалим, против сите ѕидови негови, и против сите градови Јудејски."

Во Еремија 4:6 Бог ни кажува, "Бегајте, не застанувајте, затоа што носам големо зло од север, и големо уништување." Како што можеме да прочитаме во Библијата, "северно" го означува Божјиот прекор и дисциплинирање, па затоа, животните на коишто им биле припишани сите наши гревови, мораат да бидат заклани "на северната страна," којашто е симбол за проклетството.

3) Понудата се сече на парчиња, и заедно со главата и лојта се става врз дрвата за ложење оган; внатрешните органи и нозете се мијат со вода; а целата понуда се гори и се подига дим од жртвеникот

Исто како и со жртвите сепаленици каде што се нудат јунците, жртвите сепаленици каде што се нудат јагнињата или јарињата, можат исто така, да бидат понудени кон Бога, за да се добие прошка за гревовите извршени со нашите глави, раце или нозе. Стариот Завет ја претставува сенката, а Новиот Завет форматa. Бог посакува да ги примиме проштевањата на гревовите и да постигнеме обрезание на своите срца, живеејќи го својот живот според Словото Божјо. Тоа значи дека треба да Му понудиме на Бога духовно поклонение преку сето наше тело, срце и волја, и да направиме леб насушен од Словото Божјо, понесени од инспирацијата на Светиот Дух, за да можеме да ги отфрлиме сите невистини и да заживееме во согласност со вистината.

6. Нудењето птици (Левит 1:14-17)

1) Грлица или млад гулаб

Гулабите се најкротките и најпаметните од сите птици, и добро му се покоруваат на човекот. Поради тоа што нивното месо е меко и поради тоа што му нудат многу корист на човекот, Бог заповедал да бидат принесувани на жртва грлици или млади гулаби. Од гулабите, Бог ги сакал младите, бидејќи сакал да ја прими чистата и кротка жртва. Овие карактерни особини на младите гулаби ги симболизираат понизноста, скромноста и кроткоста на Исуса Христа, Кој што и Самиот станал жртва.

2) Свештеникот ја принесува понудата на жртвеникот, ја стега и свиткува главата на жртвата и ја откинува, крилата ги кине но не ги откинува; свештеникот ја нуди жртвата преку огнот и чадот на жртвеникот, а крвта на животното треба да биде исцедена на крајот од жртвеникот

Младите гулаби, поради својата мала големина, не можат да бидат убиени и исечени на парчиња, а крвта којашто истекува од нив е во мала количина. Поради таа причина, за разлика од животните коишто биле убивани на северната страна од жртвеникот, нивните глави се виткаат, а крвта им се цеди; тука исто така е вклучено ставањето на раката врз главата на гулабот. Додека кај другите животни, крвта треба да се попрска околу жртвеникот, поради малата количина на крв којашто истекува од гулабите, таа треба да се исцеди покрај жртвеникот.

Понатаму, поради својот мал изглед, гулабот не можел да се исече на делови, бидејќи би станал непрепознатлив. Затоа се изведува кинење на крилата на гулабот, но тие не се откинуваат во целост. Крилата претставуваат живот за птиците. Фактот што на гулабот му се кинат крилата, симболично ја нагласува целосната преданост на човекот кон Бога, кој што Му го нуди и својот живот.

3) Преджелудникот и пердувите се фрлаат источно покрај жртвеникот, кон местото за пепелта

Пред да се приготви птицата за жртвување како жртва сепаленица, преджелудникот заедно со пердувите на птицата се вади и отфрла. Додека внатрешните органи на јунците, јагнињата и јарињата се палат на огнот, откако ќе бидат измиени со вода, поради тоа што е тешко да се измијат тесните, мали преджелудници и внатрешни органи на птицата, Бог ни дозволува да ги отфрлиме. Чинот на отфрлањето на преджелудникот на птицата, заедно со нејзините пердуви, како и чинот на очистувањето на нечистите делови од јунците и јагнињата, го симболизира очистувањето на нашите нечисти срца и делувања од минатото и делувањата во гревот и злото, коишто можат да бидат очистени единствено преку поклонението кон Бога во духот и вистината.

Преджелудниците на птиците, заедно со пердувите, треба да бидат исчистени покрај жртвеникот, источно од местото каде што се фрла пепелта. Во Битие 2:8, можеме да прочитаме дека Бог "насади градина на исток, во Еден." Духовното значење на "исток" е во тоа, што тоа претставува место опкружено со светлина. Дури и на Земјата, на којашто ние го живееме својот живот, исток е правецот од каде што изгрева сонцето, и откако ќе изгрее сонцето, темнината на ноќта се истерува од лицето на земјата.

Какво е значењето во отфрлањето на преджелудникот заедно со пердувите, покрај жртвеникот на исток од местото каде што се фрла пепелот?

Со ова се симболизира нашето доаѓање пред Господа, Кој што е Светлина, откако ќе ги отфрлиме нечистотиите на гревот и злото, нудејќи Му на Бога жртва сепаленица. Како што можеме да прочитаме во Ефесјаните 5:13, "Сѐ станува видливо кога ќе се изложи на светлината, затоа што сѐ што станува видливо, е светлина," ги отфрламе нечистотиите на гревот и злото, што ги имаме откриено во срцата свои, и стануваме чеда Божји, застанувајќи пред Светлината. Затоа, отфрлањето на нечистотиите на жртвата сепаленица кон исток, во духовна смисла го симболизира тоа што ние, кои што сме го живееле животот среде духовните нечистотии—гревот и злото, ги отфрламе истите и стануваме чеда Божји.

Преку жртвите сепаленици на јунците, јагнињата, јарињата и птиците, можеме да ги сватиме Божјата љубов и праведност. Бог заповедал да Му се нудат жртви сепаленици затоа што посакувал луѓето Израелеви да ги живеат своите животи во директното, непосредно другарување со Бога, секогаш нудејќи му ги сепалениците заради своите гревови. Ако секогаш го имате ова на ум, се надевам дека ќе Му пружите поклонение на Бога, во духот и вистината, и не само што ќе ја запазите светоста на Господовиот ден, туку исто така ќе Му ја понудите на Бога пријатната миризба, што ќе ја оддаваат вашите прочистени срца, 365 дена од годината. Тогаш, нашиот Бог, Кој што ни ветил, "Радувајте се во ГОСПОДА; и Тој ќе ви ги подари желбите на срцата ваши" (Псалм 37:4), ќе ве опсипе со просперитетот и чудесните благослови, каде и да одите по светот.

Глава 4

Нудењето лебен принос

"Ако некој сака да Му принесе на ГОСПОДА, жртва – лебен принос, дарот негов нека биде од чисто брашно, нека излее елеј врз него и нека стави темјан на него."

Левит 2:1

1. Значењето на лебните приноси

Левит 2 ни објаснува за лебните приноси и за тоа како тие треба да бидат принесени кон Бога, за да можат да бидат жива и света жртва, којашто Му е благоугодна на Бога.

Како што можеме да прочитаме во Левит 2:1, "Ако некој сака да Му принесе на ГОСПОДА, жртва – лебен принос, дарот негов нека биде од чисто брашно, нека излее елеј врз него и нека стави темјан на него" лебниот принос претставува принос кон Бога, направен од чисто фино брашно. Тоа е принос на благодарноста кон Бога, Кој што ни подарил живот и Кој што ни го дава нашиот леб насушен. Гледано од денешна страна, тоа ја означува жртвата благодарница којашто за време на Неделните богослужби Му се дава на Бога, затоа што нѐ заштитувал во текот на седмицата.

Понудите кои Му се принесуваат на Бога, каде што се пролева крвта на јунциите, јагнињата или јарињата, претставуваат жртви за очистување на гревот, бидејќи очистувањето на гревот е можно единствено преку крвта. Тоа се должи на фактот што проштевањето на гревовите преку пролевањето крв на животните, ја осигурува испораката на нашите молитви и постојаното преколнување упатено кон Светиот Бог. Но, лебните понуди претставуваат жртва благодарница, кај којашто не е потребно пролевање крв, и се принесува заедно со жртвата сепаленица. Луѓето Му ги принесуваат на Бога првите плодови што ги жнеат и сите други убави нешта направени од брашното на семето, коешто Тој им го дал заради нивната исхрана, и заради благодарноста за заштитата од Негова страна, сѐ до времето на жетвата.

Брашното вообичаено се нуди како лебен принос. Брашното од убавите зрна, лебот испечен во печка и ранозреечките зрна Му се нудат на Бога, зачинети со масло и сол, и додаден темјан. Тоа се нуди на огнот, преку димот којшто оддава пријатна арома кон Бога.

Во Исход 40:29, е кажано, "При влезот на Шаторот на средбата го намести жртвеникот за жртви сепаленици. Врз него принесе жртва сепаленица и лебен принос, токму онака како што ГОСПОД му беше заповедал на Мојсеја." Бог заповедал, кога се нуди жртва сепаленица, воедно да треба да се понуди и лебен принос. Затоа, ние можеме да Му го одадеме целосното поклонение на Бога само тогаш, кога ќе Му ги понудиме жртвите благодарници на Неделната богослужба.

Етимолошкото значење на "лебниот принос" е "принос" и "дар." Бог посакува да Му ги нудиме богослужбите демонстрирајќи ги делата на срцето на благодарноста, нудејќи Му ги жртвите на благодарноста. Не смееме да се појавиме пред Бога со празни раце. Заради таа причина Тој ни кажува во 1 Солунјани 5:18, "Оддавајте ја благодарноста за сè; бидејќи таква е волјата Божја за вас, во Исуса Христа," и во Матеј 6:21, "Затоа што, каде е богатството твое, таму ќе биде и срцето твое, исто така."

Зошто секогаш мораме да ја оддаваме благодарноста за сè, и да ги нудиме лебните приноси кон Бога? Како прво, целото човештво било на патот кон уништувањето, заради Адамовиот грев и непокор, но Бог ни го дал Исуса, да послужи како жртва за умилостување, за нашите гревови. Тој ни ги откупил гревовите и преку Него, можеме да го стекнеме вечниот живот. Поради фактот што Бог, Создателот на сето што е во универзумот и на сите луѓе, е нашиот Отец Небесен, ние можеме да го уживаме авторитетот како чеда Божји. Тој ни дозволил да ги поседуваме вечните Небеса, па затоа мораме постојано да Му се заблагодаруваме!

Бог, исто така ни го има дадено и сонцето, и ги контролира дождот, ветрот и климата, за да можеме да пожнееме изобилни жетви, преку кои Тој ни го дава и нашиот секојдневен леб насушен. Мораме постојано да Му ја оддаваме благодарноста заради тоа. Тој е Оној, Кој што нè заштитува во овој свет, во којшто гревот, неправедноста, болестите и несреќите се секојдневно нешто. Тој ни одговара на молитвите наши, кои ги нудиме во верата, и нѐ благословува да можеме триумфално да ги водиме нашите животи. Па затоа, како можеме, а да не Му ја оддаваме благодарноста за тоа?

2. Понудите во лебен принос

Во Левит 2:1 Бог кажува, "Ако некој сака да Му приниесе на ГОСПОДА, жртва – лебен принос, дарот негов нека биде од чисто брашно, нека излее елеј врз него и нека стави темјан на него." Брашното коешто Му се нуди на Бога, мора да биде од најдобри зрна. Божјата заповед за лебната понуда од "чисто" брашно, укажува на видот на срцето на човекот, со коешто треба да Му ги принесува понудите. За да се направи чисто и убаво брашно од најдобрите зрна, тие треба да поминат низ многу процеси, како што се крунењето од класјето, мелењето и просејувањето. Секој од овие процеси побарува многу напор и грижа. Бојата на храната којашто се прави од чисто, убаво брашно е многу пријатна на изглед, и е доста вкусна.

Духовното значење кое стои зад Божјата заповед за "чистото брашно" означува дека Бог ќе ги прифати понудите кон Него, коишто се приготвени со крајна грижа и радост. Тој со радост ги прифаќа понудите, ако во нив се демонстрирани делата на срцето на благодарноста, а не оние каде што само преку усните се оддава благодарноста кон Него. Затоа кога даваме десетоци или жртви благодарници, мораме да ги даваме од сѐ срце, за да може Бог со радост да ги прифати. Бог е владетелот на сите нешта и Тој е Оној, Кој што му заповеда на човекот да Му дава понуди, но тоа не е заради недостаток на нештата за Него. Тој ја поседува силата да го зголеми богатството на секоја личност, и ако посака, да ѝ го одземе истото. Причината поради која Бог сака да ги прима понудите од нас, лежи во тоа што Тој сака уште повеќе да нѐ благословува, со уште поголеми и пообилни плодови, ако Му ги принесеме понудите во верата и љубовта кон Него.

Како што можеме да прочитаме во 2 Коринтјаните 9:6, "Ова ви го кажувам, кој што сее скржаво, скржаво и ќе жнее, а кој сее обилно, обилно и ќе жнее," жнеењето во согласност со она што сте го посеале, е всушност еден закон од духовниот свет. За да може уште пообилно да не благослови, Бог нѐ поучува за тоа какви жртви благодарници треба да Му нудиме.

Ако веруваме во овој факт, и ако навистина ги нудиме на тој начин понудите наши, тогаш природно ќе ги даваме истите од сѐ срце, токму како што природно би Му ги понудиле на Бога лебните приноси од најчистото и најфиното брашно, бидејќи секогаш ќе сакаме да Му ги понудиме најскапоцените нешта, коишто се безгрешни и чисти.

"Финото брашно" исто така ги означува и Исусовата природа и живот, кои и самите се совршени. Исто така нѐ поучува дека, штом ги нудиме понудите од најфиното брашно, тогаш треба да ги водиме и животите исполнети со напорно работење и покорност кон Него.

Лебните понуди се прават од најфиното брашно, направено од најфините зрна, се меша со масло и се пече во печка или на тава, за потоа да се понуди во огнот, нудејќи Му се на Бога преку димот од жртвеникот. Фактот што лебните понуди Му се нудат на Бога на различни начини, ги означува различните начини на кои луѓето заработуваат за живот, па затоа и причините за понудите на благодарноста се различни.

Со други зборови кажано, како дополнение на причните поради кои ја оддаваме благодарноста во Неделите, можеме да ја оддаваме благодарноста и за примените благослови, или за примените одговори на нашите молитви кон Бога; заради надминувањето на искушенијата и испитанијата преку нашата вера; и за други слични нешта. Но, токму онака како што Бог ни заповеда да ја "оддаваме благодарноста во сѐ," мораме и да ги бараме причините заради кои сме Му благодарни Нему, и соодветно да ја изразиме истата.

Тогаш, и само тогаш, бог ќе ја прифати благопријатната арома на нашите срца, и ќе се осигура, причините заради кои ја оддаваме благодарноста, да продолжат да пребиваат во нас и нашите животи.

3. Давањето на лебен принос

1) Лебен принос од фино брашно, со елеј и темјан на него

Ставањето масло на финото брашно, овозможува од брашното да се направи поубаво тесто и да се испече поубав леб, а со ставањето темјан, се зголемува квалитетот на целиот лебен принос. Кога овие лебни приноси ќе му се дадат на свештеникот, тој ќе ги земе, ќе стави масло и темјан, и ќе ги понуди на огнот на жртвеникот, а од нив ќе се оддаде пријатна арома, во димот којшто се подига кон Бога.

Какво е значењето на ставањето масло врз брашното?

Тука "елејот" се однесува на лојот од животните, или на маслото коешто се добива од некои растенија. Мешањето на финото брашно со "елејот" означува дека треба да ја вложиме својата енергија во секое грамче од лебниот принос – да ги вложиме своите животи – во понудите коишто Му ги нудиме на Бога. Кога Му ги нудиме нашите поклоненија и понуди на Бога, Тој ни ја дава инспирацијата и исполнетоста со Светиот Дух, дозволувајќи ни да ги водиме животите во коишто ќе можеме да го имаме директното и непосредно другарување со Него. Ставањето на маслото ни го симболизира фактот, дека сѐ што Му нудиме на Бога, треба да Му го нудиме од сѐ срце.

Какво е значењето на ставањето темјан врз лебниот принос?

Во Римјаните 5:7 можеме да прочитаме, "За праведник одвај дека некој ќе умре; додека за добар човек, можеби некој и ќе се осмели да умре." Тоа е во согласност со волјата Божја, кога Исус го дал Својот живот за нас, кои што не сме ниту праведни, ниту добри, туку полни со грев. О, каква благопријатна арома оддава љубовта на Исуса, кон Бога? Преку неа, Тој го уништил авторитетот на смртта, воскреснал, седнал на престолот, десно од Бога, станал Кралот над кралевите, и станал вистинската благопријатна арома пред Бога.

Ефесјаните 5:2 не поттикнува да "чекорете во љубов, како што и Христос ве љубеше вас, и Се предаде Себеси заради нас, како принос и жртва кон Бога, жртва со благопријатен мирис." Кога Исус Се понудил Себеси како жртва кон Бога, Неговата жртва ја оддавала истата арома, како и принесениот темјан. Затоа, бидејќи ние ја имаме примено Божјата љубов, и ние треба да се понудиме себеси, како миризлива и благопријатна арома кон Бога, токму како што и Исус го има направено тоа.

"Ставањето темјан на финото брашно" означува дека, токму како што Исус го величал Бога преку пријатната арома на Својата природа и на своите дела, и ние самите мораме од сѐ срце да го живееме животот според Словото Божјо, и да Го величаме Бога, оддавајќи ја од нас благопријатната миризба на Христа. Единствено кога ќе Му ги понудиме на Бога пријатните понуди благодарници, оддавајќи ја пријатната миризба на Христа од нас, единствено тогаш нашите приноси ќе можат да станат лебни приноси, достојни за прифаќањето од страна на Бога.

2) Без додаден квасец или мед

Левит 2:11 гласи, "Никаков лебен принос, што ќе Му го принесуваш на ГОСПОДА, да не биде направен со квасец, бидејќи не смееш да гориш ниту квасец, ниту мед, како жртва сепаленица на ГОСПОДА." Бог заповедал да не се става квасец во лебот којшто треба да Му биде принесен на Бога, поради тоа што, токму како што квасецот ферментира во лебот, така и духовниот "квасец" исто така ќе го расипе приносот кон Бога.

Непроменливиот и совршен Бог, посакува нашите приноси да останат непроменети и да Му бидат принесени како самото фино брашно – и да Му бидат понудени од сè срце. Затоа, кога ќе Му ги нудиме понудите на Бога, треба да ги нудиме со непроменливото, чисто срце, проследено со благодарноста, љубовта и верата кон Бога.

Кога нудат приноси кон Бога, некои луѓе внимаваат како ги гледаат другите заради тоа, и ги принесуваат жртвите само заради формалност. Други пак, ги принесуваат понудите со срца исполнети со жалост и грижи. Но, како што Исус предупредил за квасецот на Фарисеите, што претставува хипокризија, ако ги принесеме понудите додека се претвораме дека сме свети, изгледајќи така однадвор и барајќи го признанието од другите, нашето срце ќе наликува на лебен принос изваркан со квасецот, и нема да има ништо заедничко со Бога.

Затоа мораме да ги принесуваме понудите без квасец и тоа од дното на нашето срце, во љубов и благодарност кон Бога. Не смееме да ги нудиме понудите ако сме нервозни или ако сме натажени, или полни со грижи, туку треба само да бидеме исполнети со вера. Мораме обилно да понудиме, со цврста вера во Бога, во Оној, Кој што ги прифаќа нашите приноси и Кој што нè благословува во духот и во телото. За да ни го пренесе духовното значење, Бог заповеда понудите да не бидат направени со квасец.

Постојат времиња, кога Бог ни дозволува да Му понудиме приноси коишто се направени со квасец. Тие не се ставаат во огнот, за преку чадот да се издигнат до Бога, туку свештеникот ги ниша пред жртвеникот, за да го изрази пронесувањето на жртвата кон бога, а потоа им ги враќа лебните приноси на луѓето, за да ги поделат и да ги изедат. Тоа се нарекува "нишачки принос," за кој, за разлика од лебниот принос, е дозволено да му се додаде квасец, бидејќи процедурите се различни.

На пример, луѓето на верата присуствуваат на богослужбите, не само во неделите, туку и на сите други богослужби кои се случуваат во црквата. Ако луѓето кои што ја поседуваат слабата вера во себе, присуствуваат само на Неделните богослужби, а не и на Петочните целовечерни богослужби, на Вечерните богослужби во средите, Бог сепак нема да го смета нивното однесување за грев. Зборувајќи за процедурите, додека во Неделните богослужби се следи стриктна програма на директиви, богослужбите во црквата или во домовите на обичните верници од црквата, иако ја следат основната структура на исповедање, во која се содржани пораката, молитвата и пофалбата, луѓето можат да се прилагодат во зависност од дадената ситуација. Ако строго се држиме до основните, неопходни правила за богослужба, тогаш фактот што Бог дозволува и остава простор за некаква флексибилност, во зависност од мерката на верата на луѓето, ни го покажува духовното значење на принесувањето понуди со квасец.

Зошто Бог не дозволува додавање на мед во лебните приноси?
Исто како и квасецот, и медот може да ја расипе содржината на финото, чисто брашно. Кога зборуваме за медот којшто е тука спомнат, тој се однесува на слаткиот сируп произведен од сокот на урмите во Палестина, којшто може многу лесно да ферментира и да се расипе. Поради оваа причина, Бог ја забранил корупцијата на интегритетот на брашното, со додавањето на медот во него. Тој исто така кажува, кога чедата Божји Му се поклонуваат и Му нудат приноси, треба да го прават тоа со чисто и совршено срце, коешто не измамува или се менува.

Луѓето можеби си мислат дека додавањето на медот би ја направило понудата подобра и поубава. Без разлика колку и да нешто му изгледа добро на човекот, на Бога Му е угодно да ги прима понудите на начинот на којшто заповедал, и на начинот којшто човекот се заветил дека ќе го следи. Некои луѓе на почетокот се заветуваат дека ќе Му понудат нешто на Бога, но при промена на ситуацијата, го менуваат своето мислење и Му нудат на Бога нешто сосем друго. Но, Бог мрази кога луѓето го менуваат своето мислење, за нештата коишто се однесуваат на заповедите од Бога, или заради некоја своја лична корист, кај што делата на Светиот Дух се вклучени. Затоа, ако една личност се завети дека ќе Му понуди некое животно на Бога, таа неопходно мора да го стори тоа, токму онака, како што е наведено во Левит 27:9-10, каде е напишано, "Ако заветуваниот принос биде од животните коишто може да Му се принесуваат на ГОСПОДА, секој таков принос кон ГОСПОДА, ќе биде свет. Нека не се надоместува или заменува со нешто друго, добро за лошо, или лошо за добро; ако се направи замена на едно животно за друго, тогаш и заветуваното и она што го заменило ќе станат свети."

Бог посакува да Му ги дадеме приносите со чисто срце, не само додека ги правиме понудите, туку и во сè друго. Ако во срцето на личноста која што го нуди приносот кон Бога, има колебање или измама, нешто што е недозволиво од Бога, тогаш сето тоа ќе оди на нејзината душа.

На пример, кралот Саул не ја испочитувал заповедта на Бога, и направил измена според своето посакување. Како последица на тоа, тој покажал непослушност кон Бога. Бог му заповедал на Саула да го уништи кралот на Амалкијците, сите луѓе кои биле таму, и сите нивни животни. Откако по благослов Божја, преку силата Божја ја добил војната, кралот Саул сепак, не ја испочитувал Божјата заповед. Тој ги поштедил и ги донел со себе кралот на Амалкијците Агаг и најдобрите грла добиток кои ги заробил. Дури и по прекорот од Бога, Саул не се покајал, туку станал уште понепослушен, за да на крајот биде оставен од страна на Бога.

Броеви 23:19 ни кажува, "Бог не е човек, па да лаже, ниту пак е син човечки, па да се кае; Зар кога Тој ќе рече нешто, нема ли тоа да го направи? Зарем ќе вети нешто, а нема да го исполни?"

За да можеме да Му бидеме радост на Бога, нашите срца прво мора да се трансформираат во чисти, совршени срца. Без разлика колку и да им изгледа некоја личност добра на луѓето, и нејзините размислувања исто така, таа никогаш не смее да прави нешто што е забрането од страна на Бога, а тоа е директива што не се менува со минувањето на времето. Кога една личност ѝ се покорува на волјата Божја, со чистото и непроменливо срце, Бог ќе биде радосен и ќе Му биде благоугодно и пријатно. Тогаш Тој ќе ги прифати приносите од неа и ќе ја благослови.

Левит 2:12 гласи, "Принесувајте ги како приноси од првите плодови кон ГОСПОДА, но нека не бидат горени на жртвеникот заради пријатна миризба." Принесената понуда како жртва, мора да оддава пријатна арома, којашто Бог со радост ќе ја прифати. На ова место од Библијата, Бог ни кажува дека лебните приноси не смеат да се ставаат на жртвеникот, само заради нудењето на жртвата преку чадот и оддавањето на пријатна миризба. Целта на нашата понуда на лебниот принос не е во самото дело на принесувањето, туку во понудата на пријатната миризба на нашите срца кон Бога.

Без разлика колку и да се добри приносите кои Му се нудат на Бога, ако тие не се понудени со срцето коешто Му е благопријатно на Бога, тогаш миризбата на понудите можеби ќе им биде пријатна на луѓето, но не и на Бога. Тоа е нешто слично на подароците коишто децата им ги даваат на своите родители. Ако тие им се дадени од сѐ срце, со благодарност и љубов кон нив, заради милоста и благодетта што биле родени и одгледани во љубов, а не заради исполнување на формалноста, тогаш тие ќе бидат извор на радост и среќа за нив.

Според истото такво значење, Бог не сака да Му ги принесуваме понудите само заради формалностите, кажувајќи си себеси, "Направив што требаше да сторам," туку треба да ја оддаваме пријатната миризба од нашите срца, исполнети со верата, надежта и љубовта кон Него.

3) Посолување на понудите

Во Левит 2:13 е напишано, "Посоли го секој свој лебен принос. Не оставај ги лебните приноси свои без солта на заветот со својот Бог. при секој свој принос, принесувај и сол." Солта се топи во лебниот принос и го заштитува од расипување, а воедно и му дава подобар вкус.

"Посолувањето со сол" во духовна смисла означува "воспоставувањето мир." Исто како што солта би се истопила во храната и би послужила како зачин, улогата на солта, со којашто можеме да направиме мир, го бара жртвувањето на нашето его. Затоа, Божјата заповед дека лебните приноси треба да бидат зачинети со сол, означува дека мораме да се жртвуваме себеси при принесувањето на нашите понуди, заради воспоставувањето мир со Бога.

Значи, прво мораме да го прифатиме Исуса Христа и да имаме воспоставено мир со Бога, борејќи се до степенот на пролевањето крв, при отфрлањето на гревовите, злото, страста и своето его.

Да претпоставиме дека некоја личност своеволно изврши некој грев, што Му е одвратен на Бога, а потоа да Му принесе понуда на Бога, без да се покае за својот грев. Тогаш Бог не може со радост да ја прифати понудата, бидејќи мирот што бил воспоставен меѓу нив, ќе биде прекршен. Затоа е запишано во Псалмите, "Ако мислев зло во срцето свое, ГОСПОД не би ме слушнал" (Псалм 66:18). Бог со радост ќе ги прифати, не само молитвите, туку и приносите кон Него, единствено ако сме се оддалечиле од гревот, сме воспоставиле мир со Него, и сме Му ги принеле понудите за Него.

Остварувањето мир со Бога, бара од личноста да се жртвува себеси и своето его. Како што апостолот Павле се исповедал, "Јас секојдневно умирам," единствено кога една личност ќе се одрече од себеси и ќе се жртвува себеси и своето его, ќе може да го воспостави мирот со Бога.

Исто така мораме да имаме мир и со нашите браќа и сестри во верата. Исус ни кажува во Матеј 5:23-24, "Па така, ако принесуваш свој дар на олтарот, и си спомнеш дека братот твој има нешто против тебе, остави го дарот свој пред олтарот, и оди првин помири се со братот свој; па потоа дојди и принеси го дарот свој." Бог нема да ја прифати нашата понуда со радост, ако сме извршиле грев, ако сме делувале во зло, или ако сме ги злоставувале нашите браќа и сестри во Христа.

Дури и ако некој брат во Христа ни направил некое зло, не смееме да го мразиме или да зборуваме лошо за него, туку треба да му простиме и да се смириме со него. Без разлика кои би можеле да бидат причините, не смееме да бидеме во караница или расправија со некого, ниту да ги спрепнуваме или повредуваме нашите браќа и сестри во Христа, на нивниот пат во верата. Единствено кога ќе воспоставиме мир со сите луѓе и кога срцата ќе ни бидат исполнети со Светиот Дух, радост и благодарност, нашите принесени дарови кон Бога ќе бидат 'зачинети со солта.'

Исто така, во Божјата заповед "зачинето со сол" е сржта на значењето на заветот, којшто можеме да го видиме во "солта на заветот со нашиот Бог." Солта се вади од водите на океанот, а водата го означува Словото Божјо. Исто како што солта секогаш дава солен вкус, исто така и Словото Божјо секогаш за заветот на Бога со луѓето, никогаш не се менува.

"Зачинетоста со сол" на приносите што Му ги нудиме на Бога, ја означува верата во непроменливиот завет на Бога, па затоа треба да ги нудиме од сѐ срце. При нудењето на жртвите благодарници, мораме да веруваме дека Бог сигурно ќе ги награди угнетените и растресените по дух, и ќе ги благослови 30, 60 и 100 пати повеќе од тоа што го дале.

Некои луѓе ќа кажат, "Не ги давам приносите поради тоа што очекувам благослови, туку едноставно бидејќи сакам." Но, на Бога му е поугодна верата на скромната личност, која што ги бара благословите од Него. Евреите 11 ни кажува дека, кога Мојсеј се откажал од местото на принц во Египет, тој "ја очекувал наградата" што Бог ќе му ја дадел. На нашиот Исус, Кој што исто така ја очекувал наградата, не Му сметале понижувањата на крстот. Очекувајќи ги големите плодови – славата којашто Бог ќе Му ја даде и спасението на човештвото – Исус лесно можел да ги издржи суровите измачувања на распнувањето на крст.

Се разбира, "очекувањата на наградата" во целост се разликуваат од срцата на пресметаните личности, кои што очекуваат нешто за возврат, поради тоа што дарувале доста дарови. Дури и да не добие награда, личноста која што го сака Бога, е подготвена да си го жртвува дури и сопствениот живот за Него. Треба да го сватиме срцето на нашиот Бог Отец, Кој што посакува да ѝ подари благослов на личноста којашто верува во силата Божја, и ако таа копнее по благословите, нејзините дела уште повеќе ќе Му бидат благоугодни на Бога. Бог ветил дека човекот ќе пожнее онолку колку што посеал, и дека ќе им даде на оние кои што бараат. На Бога му се угодни нашите понудени дарови, во верата во Неговото Слово, исто како што Му е пријатна и верата со која ги бараме благословите од Него, во согласност со Неговото ветување.

4) Остатокот од лебните приноси им припаѓаат на Арон и неговите синови

Додека жртвата сепаленица во целост Му се нуди на Бога преку чадот од жртвеникот, лебните приноси му се носат на свештеникот, и еден дел од нив Му се нуди на Бога, преку чадот од жртвеникот. Тоа значи дека во целост треба да Му ги понудиме на Бога различните богослужби, службата благодарница – лебните приноси – Му се даваат на Бога, за да се искористат за Кралството Божјо и за праведноста, а дел од нив ќе бидат употребени за свештениците, кои што се слуги Господови и работници во црквата. Како што ни кажува Галатјаните 6:6, "Кој се учи на Словото, нека ги дели добрата со оној, кој што го учи," кога членовите на црквата, кои што ја примиле благодетта од Бога, ги принесат своите жртви благодарници, тогаш Божјите слуги кои што ги поучувале на Словото, ќе ги споделат нивните жртви благодарници со нив.

Лебните приноси Му се нудат на Бога заедно со жртвите сепаленици, и служат како модел на животот на службувањето, што Самиот Исус Христос го водел. Затоа мораме во верата да ги понудиме нашите приноси, од сѐ срце и со радост. Се надевам дека секој читател ќе ги врши поклоненијата кон Бога, на начинот којшто соодветствува со волјата Негова, и секојдневно ќе го прима изобилството на благослови, оддавајќи Му ја на Бога, миризбата на срцето свое, која ќе Му биде благоугодна и благопријатна.

Глава 5

Понудите за помирителна жртва

"Ако некој принесува помирителна жртва, и ако принесе говедо, женско или машко, тоа нека биде без недостаток, штом Му се принесува на ГОСПОДА."

Левит 3:1

1. Значењето на понудите за помирителна жртва

Во Левит 3 се запишани законите во врска со помирителната жртва. Помирителната жртва го вклучува колењето на животното без недостаток, прскањето на неговата крв на двете страни од жртвеникот, и нудењето на лојот од животното преку чадот, којшто се издигнува кон Бога, како пријатна и благоугодна арома. Процедурите за помирителната жртва се слични со оние за жртвата сепаленица, но постојат и некои разлики меѓу нив. Некои луѓе погрешно ја сваќаат целта на помирителната жртва и ја сваќаат како средство за добивање проштевање на греовите; примарната цел на жртвата за вина и жртвата за грев е проштевањето на греовите.

Помирителната жртва е принесување за да се постигне и воспостави мир помеѓу нас и Бога, и со неа, луѓето ја изразуваат благодарноста, прават завет кон Бога, и доброволно Му ја нудат на Бога. Понудена посебно, од страна на луѓето на кои им биле простени греовите низ жртвите за вина и жртвите сепаленици, кои што имаат директно и непосредно другарување со Бога, целта на помирителната жртва е да се воспостави мир со Бога, за да можат со сето срце да му веруваат на Бога, во секој аспект на своите живот.

Додека лебните приноси коишто се опишани во Левит 2 се сметаат за жртви благодарници, кои вообичаено Му се нудат како благодарност на Бога, Кој што нè спасил, заштитил и ни го дава лебот насушен, и се разликува од помирителната жртва и благодарноста којашто се изразува со неа. Како дополнение на жртвите благодарници кои ги нудиме во неделите, одделно ги нудиме жртвите благодарници ако за тоа постојат специјални причини. Вклучени во помирителните жртви се доброволните понуди со кои Му угодувате на Бога, за да го живеете животот во светоста, според Словото Божјо, и да ги примите од Него желбите на своите срца.

Додека помирителната жртва во себе носи повеќе значења, најосновната цел вткаена во неа, е воспоставувањето на мир со Бога. Откако ќе го воспоставиме мирот со Бога, Тој ќе ни ја даде силата со која ќе можеме да го живееме животот според вистината, ќе ни одговори на желбите на нашите срца и ќе ни ја подари благодетта преку која ќе можеме да ги исполниме сите завети кои сме ги направиле кон Него.

Како што е кажано во 1 Јован 3:21-22, "Возљубени, ако срцето не нѐ осудува, имаме смелост пред Бога; па што и да Го замолиме, го примаме од Него, затоа што ги запазуваме заповедите Негови и ги правиме нештата, што се благоугодни пред Него," кога ја имаме смелоста пред Бога, затоа што сме ги живееле животите во согласност со вистината, ќе имаме мир со Него и ќе ги доживееме делата Негови, во сето што ќе го побараме од Него. Ако Му угодиме и со некои дополнителни специјални понуди, тогаш можете ли да си замислите колку бргу Бог ќе ни одговори на молитвите и ќе не благослови?

Затоа, најважно е исправно да ги сватиме значењата на на лебните приноси и на помирителните жртви, да направиме разлика во понудите за лебните приноси и за помирителните жртви, за да може Бог со радост да ги прифати и да Му бидат благоугодни.

2. Нудењето на понудите за помирителна жртва

Бог кажува во Левит 3:1, "Ако некој принесува помирителна жртва, и ако принесе говедо, женско или машко, тоа нека биде без недостаток, штом Му се принесува на ГОСПОДА." Било да е помирителната жртва јагне или јаре, било да е од женски или машки пол, тоа мора да биде без недостаток (Левит 3:6, 12).

Понудата принесена како жртва сепаленица, треба да биде јунец или јагне од машки пол, без некој недостаток. Тоа е така бидејќи совршената жртва за сепаленицата – поради духовната богослужба – го означува Исуса Христа, безгрешниот Син Божји.

Сепак, кога ги нудиме приносите кон Бога за помирителна жртва, за да воспоставиме мир со Него, нема потреба да се направи разлика од животно со машки или женски пол, сè додека тоа е без недостаток. За ова можеме да прочитаме во Римјаните 5:1: "И така, бидејќи оправдани преку верата, имаме мир со Бога, преку нашиот Господ Исус Христос." Во воспоставувањето на мирот со Бога преку делото на Исусовата крв на крстот, не постои разлика помеѓу машкиот и женскиот пол.

Кога Бог заповеда да се нудат на принос само животни "без недостаток," Тој посакува да Му принесуваме понуди, не со скршен дух, туку со срцето кое наликува на срцето на едно убаво дете. Мораме да внимаваме да не ги нудиме приносите безволно и со тешко срце, ниту заради признавањето од другите, туку во својата добра волја и во верата. Жртвата единствено ќе има смисла ако принесеме безгрешна понуда, оддавајќи му ја жртвата благодарница на Бога, заради Божјата благодет на спасението. Понудите Му ги даваме на Бога, за да можеме да имаме доверба во Него во секој аспект од нашите животи, да биде со нас и да нè заштитува цело време, и да можеме да го живееме животот според Неговата волја, па затоа приносот мора да биде најдоброто што можеме да го понудиме во тој момент, во кој ќе биде внесена целата наша грижа и сето срце наше.

Ако ги споредиме приносите во жртвите сепаленици и помирителните жртви, интересен е фактот којшто треба да го забележиме: гулабите не биле исклучени од помирителните жртви. Зошто е тоа така? Без разлика колку сиромашна може да е една личност, жртвата сепаленица мора да биде понудена од страна на сите луѓе, било богати или сиромашни, па затоа Бог дозволил да се принесуваат и гулаби, коишто се со екстремно мала вредност.

На пример, кога една личност којашто е нова во верата во Христа, чија вера е сеуште слаба, и која присуствува само на Неделните богослужби, Му ја понуди на Бога таквата жртва сепаленица, Тој ќе ја прифати истата. Додека целата жртва сепаленица Му се нуди на Бога кога верниците во целост го живеат својот живот според Словото Божјо, го одржуваат директното и непосредно другарување со Бога, и Му се поклонуваат во духот и вистината, во случајот на новите верници во верата, кои единствено ја запазуваат светоста на Господовиот ден, Бог ќе го смета за жртва сепаленица понудениот гулаб, којшто е со мала вредност, за да ја поведе личноста кон патот на спасението.

Сепак, помирителната жртва не претставува жртва која што е задолжителна, туку е жртва на доброволна база. Таа Му се нуди на Бога, за да можат луѓето да ги примаат одговорите на своите молитви, и да ги добиваат благословите од Бога. Ако се нуди како жртва гулаб, којшто е со мала вредност, за некоја специјална понуда, тогаш ќе се изгуби смислата и намерата за таквата жртва, па затоа тие се исклучени од таквите приноси.

Да претпоставиме дека една личност сака да понуди принос заради исполнување на заклетва или завет, заради некоја длабока желба или заради примањето на Божјото исцелување на некоја неизлечива болест. Со какво срце треба да биде понудена таа жртва? Таа треба да биде подготвена со уште поцелосно посветено срце, од срцето со кое се нуди редовната жртва благодарница. На Бога ќе Му биде поблагоугодно ако Му понудиме млад бик, или во зависност од ситуацијата на личноста, ако Му понудиме крава, јагне или јаре од женски пол, но вредноста на гулабот како жртва, е сепак премногу мала и неважна.

Се разбира, кога се зборува за "вредноста" на понудата, не се мисли на нејзината монетарна вредност. Кога се нуди принос кон Бога, тој треба да биде од сè срце и со посветен ум и целосна грижа, во зависност од ситуацијата на личноста која што го принесува, а Бог ќе ја процени вредноста базирајќи се на духовната арома којашто е содржана во него.

3. Давањето на понудите за помирителна жртва

1) Положувањето на раката врз главата на помирителната жртва и колењето извршено на влезот од Шаторот на средба

Ако личноста која што ја нуди понудата, ја положи својата рака врз главата на жртвата, на влезот од Шаторот на средба, тогаш таа ѝ ги припишува своите гревови. Кога една личност, која што ја нуди помирителнта жртва, ја положи својата рака врз главата на животното што се нуди, тогаш таа го помазува и означува како принос којшто треба да Му биде даден на Бога непосредно.

За да можат нашите понуди, врз коишто сме ја положиле својата рака, да станат пријатни приноси кон Бога, мораме да го одредиме износот, не според телесните мисли, туку според инспирацијата од Светиот Дух. Единствено таквите жртви ќе бидат со радост прифатени од Бога и ќе бидат помазани.

Откако ќе ја положи својата рака врз понудата, личноста ја коле жртвата на влезот од Шаторот на средба. Во Старозаветните времиња, единствено свештениците можеле да влезат во Светилиштето, па затоа луѓето ги колеле животните на влезот од Шаторот на средба. Но, откако ѕидот на гревот, којшто стоел меѓу нас и Бога, бил уништен и срушен од страна на Исуса Христа, ние денес можеме да влеземе во Светилиштето, да Му се поклонуваме на Бога, и директно и непосредно да другуруваме со Него.

2) Ароновите синови, свештениците, ја прскале крвта околу жртвеникот

Левит 17:11 ни кажува, "Затоа што животот на телото е во крвта, таа крв ви ја дадов вам за жртвеникот, за да преку неа ги откупите гревовите на душите свои; затоа што крвта е таа, којашто го покрива гревот на душите." Евреите 9:22 исто така ни кажува, "И според Законот, речиси сѐ се очистува преку крвта, и без пролевањето крв, нема проштевање," и нѐ потсетува дека единствено преку крвта можеме да бидеме очистени од гревовите. При нудењето на помирителните жртви кон Бога, заради директното и непосредно духовно другарување со Бога, прскањето на крвта е неопходно, затоа што ние, кај кои односот со Бога бил прекинат, никогаш не можеме да го воспоставиме мирот помеѓу нас и Него, без делото на крвта пролеана од страна на Исуса Христа.

Со тоа што свештениците ја прскаат крвта околу жртвеникот, се означува дека, каде и да одат нашите стапалки, и во каква и да ситуација се најдеме, мирот помеѓу нас и Бога е воспоставен. Тоа симболично претставува дека Бог секогаш е со нас, дека чекори со нас, и дека нѐ благословува каде и да одиме, и со кого и да одиме.

3) Помирителната жртва Му се предава преку огнот на ГОСПОДА

Левит 3 ги покажува методите за принесување не само на биковите, туку и на јагнињата и јарињата, како помирителни жртви. Бидејќи тие се скоро сосем исти, ние ќе се фокусираме на жртвувањето на биковите како помирителни жртви. При споредбата на помирителните жртви со жртвите сепаленици, знаеме дека сите делови од ораното животно Му се принесуваат на Бога. Значењето на жртвата сепаленица се содржи во духовното поклонение, а штом поклонението во целост ќе му се понуди на

Бога, приносите во целост се горат на огнот на жртвеникот.

Кај нудењето на помирителните жртви, сепак, не се принесуваат сите делови од жртвата. Како што можеме да прочитаме во Левит 3:3-4, "маста што ја обвиткува внатрешноста, сето сало што е околу внатрешноста, двата бубрега и лојот што е на нив и на слабините, и мрежичката што е на црниот дроб, нека ја извади и неа со бубрезите," лојот што ги покрива битните делови од внатрешноста на животното, треба да Му се понудат на Бога, заради благопријатната миризба. Принесувањето на лојот од различните делови на животното, го означува фактот дека мораме да имаме воспоставено мир со Бога, каде и да сме и какви и да се околностите во коишто се наоѓаме.

Да имаме воспоставено мир со Бога, побарува да имаме воспоставено мир со сите луѓе околу нас, и да ја бараме светоста. Единствено кога го имаме воспоставено мирот со сите луѓе околу нас, ќе можеме да станеме свети, како чедата Божји (Матеј 5:46-48).

Откако маста од понудата, што треба да Му се принесе на Бога, ќе биде отстранета, се вадат деловите се резервирани за свештениците. Можеме да прочитаме во Левит 7:34, "Затоа што градите од жртвата за мир, и плешките што се вознесуваат, ги земам од синовите Израелеви и му ги давам на свештеникот Арона и на синовите негови, како вечно озаконет дел за нив, од синовите Израелеви." Исто како што дел од лебните приноси е резервиран за свештеникот, исто така и дел од помирителната жртва, што Му се нуди на Бога, е резервиран за живеењето на свештениците и Левитите, кои Му служат на Бога и на избраниот народ Негов.

Ист е случајот и во Новозаветните времиња. Преку понудите коишто Му се нудат на Бога од страна на верниците, заради спасението на душите нивни, кои се принесуваат од страна на свештениците, истите служат како храна за живот на слугите Господови, и на црковните службеници. Откако ќе се извадат деловите наменети за Бога и за свештениците, останатиот дел се консумира од личноста која што ја нуди жртвата; тоа е специфичната карактеристика на помирителната жртва. Тоа што личноста која ја нуди помирителната жртва ќе ја консумира истата, ја означува волјата Божја, која покажува дека понудата била достојна за Него, и дека ќе ги прими како доказ за тоа, одговорите и благословите од Бога.

4. Уредбата за маснотиите и крвта

Кога едно животно се коле за да биде жртва кон Бога, свештеникот ја прска крвта негова околу жртвеникот. Понатаму, поради тоа што сета маснотија му припаѓа на ГОСПОДА, таа Му се нуди на Бога, како прекрасна миризба којашто се издига од жртвеникот. Луѓето од Старозаветните времиња не јаделе од маснотијата, ниту од крвта на животното, поради тоа што крвта и маснотиите се поврзуваат со животот. Крвта на едно животно го претставува животот во телото негово, а и маснотијата, како есенција на телото, исто така го претставува животот. Маснотијата помага во олеснувањето на делувањето и активностите во животот.

Какво е духовното значење на "маснотиите"?

"Маснотиите" на прво место ја означуваат крајната грижа, што произлегува од совршеното срце на човекот. Давајќи ја маста како жртва, изгорувајќи ја на огнот од жртвеникот, го означува фактот дека Му ги нудиме на Бога најскапоцените нешта што ги поседуваме во животот. Таквиот чин се однесува на крајната грижа и на совршеното срце, со коишто Му ги нудиме на Бога, приносите коишто се достојни за Него. Иако е битна содржината на помирителната понуда, заради постигнувањето на мир помеѓу луѓето и Бога, уште позначаен е видот на срцето, со коешто се нуди таквата жртва. Ако личноста која што има направено нешто лошо пред Бога, ја принесува жртвата, за да воспостави мир со Него, тогаш ќе мора да го стори тоа со многу голема посветеност и со уште посовршено срце од порано.

Се разбира, за проштевањето на гревовите е потребна жртвата за грев или за вина. Но, постојат ситуации кога личноста се надева на нешто повеќе од обичното проштевање, туку и на воспоставувањето на мир со Бога, обидувајќи се да Му угоди. На пример, кога едно дете ќе направи нешто лошо против таткото и страшно ќе го погоди неговото срце, тогаш срцето на таткото ќе биде толку рането, што ќе биде потребно долго време за неговото срце да се исцели и многу вложен напор од страна на детето, за повторно да се воспостави мир меѓу нив. Тоа не може да се постигне со едноставното кажување на зборот 'извини', и веднаш да се очекува прошка за неговите престапи.

Понатаму, "маснотијата" исто така се однесува на молитвата и на исполнетоста со Светиот Дух. Во Матеј 25, се опишани петте разумни и претпазливи девици, кои што налеале масло во нивните ламби, и петте непромислени девици кои што не го сториле тоа, па потоа заради тоа не им бил дозволен влез на свадбената веселба. Тука, "маслото" во духовна смисла ја означува молитвата и исполнетоста со Светиот Дух. Единствено кога ќе ја примиме исполнетоста со Светиот Дух преку молитвите и будноста, ќе можеме да го избегнеме валкањето со световните страсти и желно да го исчекуваме нашиот Господ, младоженецот, приготвувајќи се себеси како убавите невести Негови.

Молитвата мора да биде придружена со помирителна жртва којашто ќе Му се понуди на Бога, за да Му угодиме на Бога и да ги примиме Неговите одговори на молитвите наши. Молитвата не смее да претставува само обична формалност; таа мора да биде понудена со сето наше срце и со сиот наш ум, токму онака, како што Исусовата пот станала како капки крв, коишто паѓале на земјата, додека Тој се молел на Бога на Гетсимаската гора. Секоја личност која што се моли на тој начин, сигурно ќе се избори и ќе ги отфрли гревовите, ќе го достигне осветувањето, и ќе ја прими инспирацијата одозгора, како и исполнетоста со Светиот Дух. Кога една таква личност ќе Му понуди на Бога помирителна жртва, Тој секако ќе биде задоволен и веднаш ќе ѝ одговори на молитвите нејзини.

Помирителната жртва претставува жртва којашто Му се нуди на Бога во целосна доверба, за да можеме да ги водиме скапоцените животи во Неговото друштво, и под Неговата заштита. За да можеме да го воспоставиме мирот со Бога, мораме да се одвратиме од грешните патишта наши, што не Му се угодни на Бога; мораме да Му ги нудиме понудите вложувајќи ги во нив сето свое срце и радост, за да ја примиме исполнетоста со Светиот Дух низ молитвата. Тогаш ќе станеме личности исполнети со надежта за Небесата, и ќе можеме да ги водиме триумфалните животи, воспоставувајќи го мирот со Бога. Се надевам дека секој читател на оваа книга, постојано ќе ги прима одговорите и благословите од Бога, кажувајќи ги молитвите во инспирацијата и исполнетоста со Светиот Дух, со сето свое срце, нудејќи Му на Бога помирителни жртви коишто Му се благоугодни и благопријатни.

Глава 6

Понудите на жртвата за грев

"Ако некој несакајќи згреши пред ГОСПОДА, против било која заповед Негова, и стори нешто што не смее да се прави, ако грешката ја направи помазаниот свештеник, па фрли вина врз луѓето, тогаш нека Му принесе на ГОСПОДА бик без недостаток, како жртва за грев, заради гревот што го извршил."

Левит 4:2-3

1. Значењето и типот на понудите на жртвата за грев

Преку нашата вера во Исуса Христа и делото на крвта Негова, нас ни се простени сите гревови и сме го примиле спасението. Сепак, ако сакаме нашата борба да биде признаена како вистинита, мораме не само да се исповедаме со нашите усни, "Верувам," туку да ја демонстрираме во делата и вистинитоста. Кога ќе застанеме пред Бога, Тој ќе ги препознае делата на верата што сме ги направиле, и ќе ни ги прости гревовите.

Како можеме да го примиме проштевањето на гревовите преку верата? Се разбира, секое чедо Божјо мора да чекори во светлината и никогаш да не извршува гревови. Но, ако постои ѕид на гревот помеѓу Бога и верникот, кој што има извршено гревови, додека сеуште не станал совршена личност, тогаш таа личност треба да ги знае решенијата и да постапува во согласност со нив. Овие решенија се наоѓаат во Словото Божјо, а се однесуваат на жртвата за грев.

Жртвата за грев е, како што можеме да прочитаме, жртва која се принесува на Бога, како откуп за гревовите што сме ги извршиле во нашите животи, а методите за неа варираат во согласност со нашите од Бога дадени задолженија, и индивидуалната мерка на верата. Во Левит 4 се разговара за жртвите за грев, коишто треба да бидат принесени од помазан свештеник, за водачот на заедницата, за целата заедница и за обичните луѓе.

2. Понудите на жртва за грев на помазаниот свештеник

Бог му кажал на Мојсеја во Левит 4:2-3, "Зборувај им на синовите Израелеви и кажи им, "Ако некој несакајќи згреши пред ГОСПОДА, против било која заповед Негова, и стори нешто што не смее да се прави, ако грешката ја направи помазаниот свештеник, па фрли вина врз луѓето, тогаш нека Му принесе на ГОСПОДА бик без недостаток, како жртва за грев, заради гревот што го извршил." Тука, "синовите Израелеви" во духовна смисла се однесува на сите чеда Божји. Времињата кога "некој несакајќи ќе згреши пред ГОСПОДА, против било која заповед Негова, и стори нешто што не смее да се прави," се однесува на Законот Божји, којшто се наоѓа во Неговото Слово, запишано во 66-те книги од Библијата, во којшто "заповедал за нештата кои не смее да се прават," бил прекршен.

Кога свештеникот – земено во денешни услови, личноста којашто поучува и го прогласува Словото Божјо – го прекрши Законот Божји, тогаш платата за гревот ќе ги засегне сите луѓе. Ако тој, кој што го поучувал стадото свое за вистината, изврши грев, тогаш неговиот грев е навистина тежок; дури и да го направил тоа незанејќи и несакајќи, сепак е крајно засрамувачки еден свештеник, да не ја сватил волјата и праведноста Божја.

На пример, ако свештеникот неправилно предава и поучува за вистината, неговото стадо ќе им верува на неговите зборови; ќе се спротивставува на волјата на Бога; па тогаш црквата во целост, ќе изгради ѕид на гревот пред Бога. Тој ни кажал, "Бидете свети," "Воздржувајте се од секакво зло," и "Непрестано молете се." Тогаш, што ќе се случи ако свештеникот каже, "Исус ни ги откупил сите гревови. Па тоа значи дека ќе бидеме спасени ако продолжиме да одиме во црквата"? Како што Исус кажал во Матеј 15:14, "Ако слепец води слепец, и двајцата ќе паднат во ендек," платата за гревот на свештеникот е голема, бидејќи и свештеникот и стадото се одвоиле од Бога. Ако свештеникот изврши грев "им носи вина на луѓето," тогаш мора да Му принесе жртва за грев на Бога.

1) Бик без недостаток се нуди како жртва за грев

Кога еден помазан свештеник ќе изврши грев, тоа значи дека "им носи вина на луѓето" па затоа мораме да знаеме дека платата за неговиот грев е многу голема. Во 1 Самоил 2-4 можеме да прочитаме за синовите Илиеви, кои што извршиле грев со тоа што ги присвојувале за себе понудите, коишто биле предодредени за Бога. Кога Израел ја изгубил војната против Филистејците,

Илиевите синови биле убиени, а со нив и 30000 Израелеви синови кои биле во пешадијата, ги загубиле своите животи. Тогаш им бил одземен и Божјиот Ковчег, и целиот Израел се соочил со страшно страдање.

Затоа жртвата за откуп на гревовите треба да биде со најголема важност и вредност: животно, бик од машки пол, без недостаток. Од сите можни понуди за жртва кон Бога, Тој со најголема радост ја прифаќа жртвата на младите бикови и јагнињa, а се разбира вредноста на младите бикови е поголема од таа на јагнињата. За жртва за грев, свештеникот мора да понуди не само млад бик, туку млад бик без недостатоци; ова во духовна смисла ги означува понудите коишто не можат да се принесат со колебање или без радост; и секоја жртва мора да биде целосна жива жртва.

2) Давање на жртвата за грев

Свештеникот го принесува бикот којшто треба да биде жртва за грев, на влезот од Шаторот на средбата, и го претставува пред ГОСПОДА; ја положува раката своја врз него; ја коле жртвата; зема дел од крвта на бикот и ја внесува во Шаторот на средбата; го потопува својот прст во крвта, и ја прска крвта седум пати пред ГОСПОДА, пред завесата на Светилиштето (Левит 4:4-6). Положувањето на раката на главата на бикот, го означува пренесувањето на гревовите од човекот на животното. Па така, личноста која што требала, заради своите гревови, да биде подложена на смртта, преку положувањето на раката врз жртвата, личноста го прима проштевањето за своите гревови, пренесувајќи му ги на животното, а потоа го коле истото.

Свештеникот треба да земе дел од крвта, да го потопи својот прст во неа, и да испрска со крвта во Светилиштето, внатре во Шаторот на средбата, пред завесата на Светилиштето. "Завесата на Светилиштето" претставува дебела завеса што го дели Светилиштето со Светијата на Светиите. Понудите обично се даваат, не внатре во Светилиштето, туку на жртвеникот во салата којашто е во храмот; свештеникот влегува во Светилиштето, со крвта од жртвата за грев, и ја прска пред завесата на Светилиштето, токму пред Светијата на Светиите, во којашто пребива Бог.

Потопувањето на прстот во крвта, го симболизира делото на молењето за проштевање. Тоа симболично претставува дека една личност не се покајува само преку своите усни, туку исто така го носи плодот на покајанието во себе, преку отфрлањето на гревот и на злото. Потопувањето на прстот во крвта и прскањето со неа "седум пати" – "седум" затоа што претставува совршен број во духовниот свет, – го означува целосното отфрлање на гревовите. Една личност може да ја прими совршената прошка единствено тогаш, ако во целост ги отфрли гревовите и никогаш повеќе не згреши.

Свештеникот исто така става нешто од крвта на роговите од олтарот со темјан, пред ГОСПОДА, во Шаторот на средбата, и ја истура сета крв на базата од жртвеникот за жртвите сепаленици, на влезот од Шаторот на средбата (Левит 4:7). Олтарот на миризбата – или олтарот на темјанот – претставува жртвеник подготвен за палење на темјанот; каде тој се пали, и Бог потоа ја прифаќа неговата миризба. Понатаму, роговите од Библијата го претставуваат Кралот и неговиот авторитет и величество; тие се однесуваат на Кралот, на нашиот Бог (Откровение 5:6). Ставањето на крвта на роговите од олтарот на темјанот, служи како знак, дека жртвата била прифатена од Бога, нашиот Крал.

Како тогаш денес можеме да се покаеме на начинот, на којшто нашето покајание ќе биде прифатено од страна на Бога? Претходно беше спомнато дека гревот и злото се отфрлаат преку прскањето на крвта со прстот на свештеникот, потопена во крвта од жртвата за грев. Откако на олтарот ќе се рефлектираат и се изврши покајание на нашите гревови, мораме да дојдеме до Светилиштето и да се исповедаме за гревовите во молитва. Исто како што крвта на жртвата се става на роговите, со цел Бог да ја прифати истата, исто така и ние мораме да застанеме пред авторитетот на нашиот

Бог, нашиот Крал, и преку молитвата да Му го понудиме нашето покајание. Мораме да дојдеме во Светилиштето, да клекнеме и да се молиме во името на Исуса Христа, додека се случуваат делата на Светиот Дух, Кој што ќе дозволи врз нас да се спушти духот на покајанието.

Ова не значи дека мораме да чекаме да дојдеме во Светилиштето, за да почнеме со покајанието. Уште самиот момент кога ќе станеме свесни дека сме извршиле нашто против нашиот Бог, треба веднаш да се покаеме и да се одвратиме од грешните патишта наши. Тука, за доаѓањето во Светилиштето, се смета за во Сабатот, Денот којшто му е посветен на Господа.

Додека во Старозаветните времиња единствено помазаниот свештеник можел да комуницира со Бога, сега кога Светиот Дух нашол пребивалиште во срцата на сите нас, ние можеме да Му се молиме на Бога, и да имаме директно и непосредно другарување со Него, среде делувањето на Светиот Дух. Молитвата на покајанието, исто така може да биде понудена среде делувањето на Светиот Дух. Но, имајте на ум, дека молитвата може да биде целосна единствено тогаш, кога ја запазуваме светоста на Господовиот ден.

Личноста која што не ја запазува светоста на Господовиот ден, нема духовен доказ за тоа дека е чедо Божјо, па затоа не може да го прими проштевањето, дури и да ја нуди молитвата на покајанието. Покајанието единствено се прифаќа од Бога тогаш, кога не постои никаков сомнеж во неа, било да е понудена самостојно, или во Светилиштето на Бога, за време на запазувањето на светоста на Господовиот ден.

Откако крвта ќе биде ставена на роговите од олтарот на темјанот, сета крв се истура на основата од жртвеникот за жртва сепаленица. Тоа претставува чин на целосната понуда кон Бога во крвта, што го претставува животот на животното, и во духовна смисла означува дека се покајуваме со сето посветено срце. Примањето проштевање на греговите, коишто се извршени против Бога, побарува покајание коешто се нуди со сето срце, ум и голем, искрен напор. Секој кој што на Бога Му понудил вистинско покајание, не би се осмелил да ги изврши истите гревови против Него.

Како следно, свештениците ја отстрануваат од бикот, што е жртва за грев, сета маснотија, и преку огнот и чадот Му ја нудат на Бога, на жртвеникот за жртвите сепаленици. Процедурата е иста како и кај помирителната жртва, и пепелот се носи надвор од кампот, каде што се истура, се пали сета кожа, сето месо од бикот, заедно со главата, нозете и внатрешните органи (Левит 4:8-12). "Понудата во чад" означува дека во вистината е уништено егото и дека единствено вистината останала.

Исто како што се отстранува маснотијата од помирителната жртва, исто така се отстранува и маснотијата од жртвата за грев, а потоа, преку чадот од олтарот, Му се нуди на Бога. Понудата на маснотијата од бикот, преку чадот од жртвеникот, ни укажува на фактот дека, единствено покајанието коешто се нуди со сето срце, ум и истрајна волја, ќе биде прифатено од Бога.

Додека кај жртвата сепаленица се нудат сите делови на жртвуваното животно, преку чадот од жртвеникот, кај жртвата за грев сите делови на животното, освен маснотиите и бубрезите се горат на дрвата коишто се наложени надвор од кампот, каде што се истура и пепелта. Зошто е тоа така?

Бидејќи жртвата сепаленица претставува духовна богослужба, наменета за угодување на Бога, и за воспоставување на другарување со Него, таа се нуди преку чадот на жртвеникот во храмот Божји. Но, бидејќи жртвата за грев е наменета за откуп на гревовите и наше очистување од нив, таа не може да се понуди низ чадот на жртвеникот во храмот, и во целост се гори на местото коешто е подалеку од живеалиштата на луѓето.

Дури и денес мораме да се бориме во целост да ги отфрлиме гревовите за коишто Му се покајуваме на Бога. Мораме да ги запалиме со огнот на Светиот Дух, ароганцијата, гордоста, старото јас коешто го имавме во светот, делата на грешната природа на телото кои се несоодветни за пред Бога, и слични нешта. На понудите кои се принесуваат преку чадот – биковите – им се префрлаат нашите гревови, на личностите кои што ги положиле своите раце врз нив. Затоа, од тој момент па натаму, личноста мора да истапи како жива жртва пред Бога и да Му угоди Нему.

Што тогаш, треба ние денес да направиме?

Духовното значење коешто лежи меѓу карактеристиките на бикот којшто Му се нуди на Бога и на Исуса Христа, Кој што умрел за да ни ги откупи гревовите наши, беа објаснети претходно во текстот. Затоа, ако се покаеме и ако ги понудиме преку чадот сите делови на жртвата, тогаш, од таа точка па натаму, исто како и понудата која Му се принесува на Бога, мораме и ние самите да се трансформираме на истиот начин, на којшто и нашиот Господ се понудил Себеси како откупителна жртва. Преку вредното служење на членовите на црквата, во името на Господа, мораме да им дозволиме на верниците да си ги исповедаат своите потешкотии, и да им ги пружиме единствено вистината и сите други добри нешта. Посветувајќи се себеси на членовите од црквата и помошта којашто им ја даваме, им ги култивираме срцата нивни, преку солзите, упорноста и молитвите, со што стануваат вистински, осветени чеда Божји. Бог тогаш ќе го смета покајанието наше како вистинито и ќе нѐ поведе кон патот на благословите.

Иако самите не сме свештеници, како што можеме да прочитаме во 1 Петар 2:9, "А вие сте род избран, кралско свештенство, свет народ, којшто Му припаѓа на Бога," сите ние, кои што веруваме во Господа, мораме да станеме совршени како што се свештениците и да станеме вистинските, свети чеда Божји.

Понатаму, понудите принесени кон Бога, мора да бидат придружени со покаjание, особено кога се нуди откупителна жртва за своите гревови. Секој кој што длабоко жали и се кае за своите престапи, природно ќе се наведе себеси кон давањето понуди, и кога неговите дела ќе бидат придружувани со таквото срце, ќе можат да бидат сметани за понуди кои навистина го бараат целосното покајание и го испраќаат до Бога.

3. Понудите на жртва за грев на целата заедница

"Ако целата заедница Израелева згреши и тоа нешто не биде спомнато на заедничкото собрание, а тие извршат било кои од нештата, коиштo ГОСПОД забранува да прават, и со тоа станат виновни; кога ќе се дознае за гревот, тогаш заедницата ќе Му понуди бик на Бога, како жртва за грев, и ќе го принесе пред Шаторот на средбата" (Левит 4:13-14).

Во денешни термини кажано, "гревот на целата заедница" се однесува на грешењето на целата црква. На пример, постојат времиња кога во неа се формираат фракции, поделби меѓу свештениците, старешините, постарите ѓаконици и други, а кои единствено ѝ донесуваа проблеми на целата заедница. Откако еднаш ќе се создадат и ќе започнат расправиите, тогаш целата црква почнува да греши и да создава висок ѕид на гревот помеѓу црквата и Бога, бидејќи повеќето црковни членови се понесени од караниците, и зборуваат лошо против другите, или ги негуваат лошите чувства помеѓу себе.

Бог ни кажал да ги сакаме дури и нашите непријатели, да им служиме на другите, да бидеме понизни, и да го негуваме мирот со сите луѓе, додека се стремиме кон светоста. Колку ли е засрамувачки и незгодно за Бога, ако слугите Господови и Неговото стадо бидат во неслога, или пак браќата и сестрите во Христа се спротивставуваат едни со други? Ако таквите инциденти се случат во црквата, тогаш таа нема да може повеќе да ја прима заштитата од Него; нема повеќе да има оживување во неа, и тешкотиите ќе почнат да ги следат црковните членови, како на работа, така и во нивните домови.

Како може да се добие проштевање на гревовите на целата заедница? Кога гревовите на целата заедница ќе се дознаат, тогаш треба да се принесе бик пред Шаторот на средбата. Старешините тогаш треба да ги положат рацете врз главата на жртвата, да ја заколат истата пред ГОСПОДА, и да Му ја понудат на Бога, на истиот начин, на којшто се нудат жртвите за грев на свештениците. Жртвата за грев за свештениците и за целата заедница се идентични по вредноста и скапоценоста. Ова значи дека во Божјите очи, тежината на гревот којшто бил извршен од страна на некој свештеник, и на целата заедница, се едно те исто.

Сепак, додека жртвата за грев за свештеникот треба да биде млад бик без недостаток, жртвата за грев за целата заедница, едноставно треба да биде само млад бик од машки пол. Тоа е така бидејќи не е лесно целата заедница да биде иста во срцето и да ја понуди жртвата со еднаква радост и благодарност.

Кога црквата како целина денес изврши некој грев, и посака да се покае за него, невозможно е сите членови да имаат иста вера, и сите да ја покажат истата леснотија во срцата за таквата понуда. Бидејќи не е лесно целата заедница да Му понуди на Бога жртва без недостаток, Бог ја покажува Својата милост и ја дозволува ваквата жртва. Па така, дури и да има некои членови кои што не можат со сето срце да ја понудат жртвата, кога повеќето од членовите ќе се покајат и ќе се одвратат од грешните патишта свои, Бог тогаш ќе ја прими жртвата за грев од целата заедница и ќе ја даде Својата прошка.

Понатаму, поради фактот што не може секој член да пријде и да ја положи својата рака врз главата на жртвата, старешините на заедницата, во името на целата заедница, ги положуваат своите раце врз жртвата, кога таа Му се принесува на Бога, како жртва за грев.

Остатокот од процедурите е идентичен со оние коишто се прават за време на приносот на жртва за грев на свештеник, како што е потопувањето на прстот во крвта на понудата, прскањето седум пати пред завесата на Светилиштето, ставањето на дел од крвта врз роговите на олтарот на темјанот, и горењето на останатите делови од жртвата, надвор од кампот. Духовното значење на овие процедури се состои во целосното одвраќање од гревот. Мораме исто така да ја понудиме и молитвата на покајанието, во името на Исуса Христа и преку делата на Светиот Дух, во Светилиштето Божјо, за да може нашето покајание и формално да биде прифатено. Откако целата заедница, со едно срце се има покаено на таков начин, тогаш гревот никогаш не смее повторно да се изврши.

4. Понудите на жртвата за грев на водачот

Во Левит 4:22-24 можеме да прочитаме,

"Кога еден водач несакајќи изврши грев, некое од нештата за коишто ГОСПОД Бог заповедал да не се вршат, и со тоа стане виновен, тогаш ако го известат за гревот што го сторил, тој нека принесе како жртва машко јаре без недостаток. Откако ќе ја положи раката своја врз главата на јарето, нека го заколе на местото каде што се колат жртвите сепаленици пред ГОСПОДА; тоа ќе биде жртва за грев."

Оние кои што се на понизок ранг од свештениците, "водачите" се во состојба да вршат водство, и се разликуваат за класа од обичните луѓе. Затоа, водачите Му нудат на Бога машко јаре. Таа жртва е помала по вредност од младиот бик, којшто свештениците треба да го понудат, но поголема од јарињата од женски пол, коишто ги нудат обичните луѓе, кога треба да принесат жртва за грев.

Со денешен термин кажано, "водачи" во рамките на црквата претставуваат тим или ќелија на водачи, или учители кои поучуваат во Неделните школи. Водачите се оние, кои што служат на позиции, кои се наменети за водство на членовите на црквата. За разлика од членовите кои што се лаици мирјани или нови во верата, тие се одвоени пред Бога, и како такви, дури и да извршат исти гревови како обичните членови, тие сепак мораат да Му понудат на Бога поголеми плодови на покајанието, заради проштевањето на гревот.

Во минатото, водачот ја положувал својата рака врз главата на јарето од машки пол без недостаток, пренесувајќи га на тој начин гревовите врз жртвата, а потоа е колено пред Бога. Водачот го добива проштевањето, кога ќе го потопи својот прст во крвта на животното, ќе ја стави врз роговите на жртвеникот за жртви сепаленици, и ќе го истури остатокот од крвта на основата од тој олтар. Исто како што е во случајот со помирителната жртва, маста на жртвата треба да Му се понуди на Бога преку чадот од жртвеникот.

За разлика од свештеникот, водачот не ја прска крвта седум пати пред завесата на Светилиштето; кога ќе го исповеда своето покајание, ја става крвта врз роговите на олтарот за жртвите сепаленици, а Бог ја прифаќа таквата жртва. Тоа е така затоа што мерката на верата се разликува кај свештеникот и кај водачот. Поради тоа што свештеникот не смее повеќе да го повтори гревот, тој мора да ја испрска крвта од жртвата седум пати, а бројот седум е бројот на совршенството во духовна смисла.

Водачот може несвесно да изврши некој грев, па затоа не му е заповедано да ја испрскува крвта од жртвата седум пати. Тоа е знак на љубовта и милоста Божја, на Оној, Кој што го прима покајанието од секоја личност, во согласност со нивото на верата и даденото проштевање. Што се однесува за жртвата за грев на "свештеникот", треба да му се обраќа со "црковен службеник" и "водач", како "работник на водечка позиција." Сепак, тука не се ограничува само на од Бога зададените задолженија во црквата, туку исто така се однесува и на мерката на верата кај секој верник.

Црковниот службеник треба да биде осветен во верата и да му биде дадена довербата да го води стадото верници. За еден црковен службеник, кој е тимски водач или водач на ќелија, или учител за време на Неделните школи, природно е да ја поседува поголемата мерка на верата, од обичните верници, дури и сеуште да не успеал во постигнувањето совршена светост. Бидејќи нивото на верата на црковниот работник се разликува од она на водачот, или на обичниот верник, значењето на гревот и нивото на покајанието пред Бога, треба да биде различно, дури и да е извршен еден ист грев кај сите нив.

Ова не би требало верникот да го наведе на размислување, 'Бидејќи мојата вера сеуште не е совршена, Бог ќе ми пружи друга шанса, дури и да го повторам гревот,' па затоа треба да се врши покајание со сето срце. Проштевањето од Бога преку покајанието, нема да се даде ако личноста знаејќи, и со намера изврши некој грев, но ако таа несвесно згреши и потоа свати дека извршила грев, па почне да го бара проштевањето во согласност со тоа, може да добие прошка. Понатаму, ако извршила грев, а потоа се покајала заради тоа, Бог ќе го прифати таквото покајание, единствено ако во него го вложиме сиот труд, со ревносна молитва, ветувајќи дека никогаш нема да го повтори истиот грев.

5. Понудите на жртвата за грев за обичните луѓе

"Обичните луѓе" се луѓето кои што ја поседуваат слабата вера, или обичните членови од црквата. Кога обичните луѓе ќе извршат некој грев, тие го прават истиот заради својата слаба вера, па затоа тежината на гревот и нивната жртва за грев е помала од онаа на свештениците или водачите. Обичната личност треба да Му понуди на Бога жртва за грев, јаре од женски пол, што по вредност и значење е помала од онаа на јарето од машки пол, без недостаток. Кај жртвата којашто ја нудат свештеникот или водачот, свештеникот треба да го потопи својот прст во крвта на жртвата, како и кај онаа што е понудена од страна на обичните луѓе за грев, да ја стави врз роговите на олтарот за жртвите сепаленици, и да го истури остатокот во жртвеникот.

Поради веројатноста за повторување на гревот од обичната личност, заради нејзината мала вера, ако таа си го искине срцето во покајание откако ќе го изврши гревот, Бог повторно ќе го покаже Своето сочувство и ќе ѝ прости. Понатаму, поради заповедта Божја да се принесе на жртва 'јаре од женски пол', се искажува дека гревовите извршени на ова ниво на верата, полесно се проштеваат, отколку оние кога се нуди јаре или јагне од машки пол. Ова не значи дека Бог дозволува скромно покајание; секако дека личноста која згрешила треба да покаже вистинско покајание и ветување дека нема да го повтори гревот.

Кога една личност со мала вера свати и се покае за своите гревови, правејќи ги сите напори да не го повтори истиот, веројатноста дека може да дојде до повторување на истиот, постепено ќе се намалува, од десет на пет пати, па на три пати, за на крајот да доведе до потполно отфрлање на гревот. Бог го прифаќа покајанието што е проследено со плодовите. Тој нема да го прифати покајанието дури ниту од некоја личност која е нова во верата, ако тоа е содржано само во исповедањето со усните, без учеството на срцето.

Бог ќе се радува и ќе биде задоволен од новата личност во верата, која веднаш ќе се покае за гревовите свои, кога ќе ги препознае и ќе ги свати, вредно работејќи на нивно отфрлање. Наместо една личност да се убедува себеси, 'Ова е нивото на коешто стои мојата вера, па тоа е доволно за мене,' не само во покајанието, туку и во молитвата, поклонението и во секој друг аспект од животот во Христа, кога таа се обидува да ги надмине своите способности, и ќе стане субјект на опсипувачка љубов и благослови од Бога.

Ако не сме во можност да понудиме јаре од женски род и поради тоа бидеме принудени да понудиме јагне, и тоа исто така треба да биде од женски род, без недостаток (Левит 4:32). Сиромашните луѓе даваат две грлици или два млади гулаби, а уште посиромашните даваат единствено мала количина на фино брашно (Левит 5:7, 11). Богот на правдата потоа ги класифицира и ги прифаќа жртвите за грев, во согласност со мерката на верата на секоја индивидуа.

Затоа претходно дискутиравме за правењето откуп и мир со Бога, преку испитанието на жртвата за грев коишто Му се нудат Нему, од различни луѓе, кои се на различни функции и со различни задолженија. Се надевам дека секој читател на оваа книга, ќе воспостави мир со Бога, постојано испитувајќи ги од Бога зададените задолженија и нивото на верата, а воедно во целост ќе покаже покајание за гревовите, каде и да било, да се наоѓа sидот на гревот, на патот кон Бога.

Глава 7

Понудите за вина

"Ако некој направи престап, безверно огрешувајќи се несакајќи против ГОСПОДОВИТЕ свети нешта, нека Му принесе понуда за вина на ГОСПОДА: овен без недостаток од стадото свое, што чини, според својата проценка, најмалку два сикла сребро, според цената на храмскиот сикл, како понуда за вина."

Левит 5:15

1. Значењето и смислата на понудите за вина

Понудите за вина Му се нудат на Бога, со цел да се направи обесштетување за извршениот грев. Кога луѓето Божји ќе извршат грев против Него, тие потоа мораат да Му понудат понуда за вина, и од сѐ срце да се покајат пред Него. Во зависност од видот на гревот, сепак, личноста која што извршила грев, не треба само да го одврати срцето свое од грешните патишта, туку исто така мора да преземе одговорност за својот престап.

На пример, ако една личност земе на заем некој предмет, којшто му припаѓа на некој нејзин пријател, но несакајќи го оштети истиот. Во тој случај, личноста не може само да каже, "Се извинувам." Не смее само да се извинува, туку мора да му го надомести предметот на својот пријател. Во случај да не може да го надомести оштетеното, ќе мора да му плати со иста количина на некои свои нешта, за да ја надомести штетата. Тоа е вистинското покајание.

Давањето понуда за вина го претставува воспоставувањето мир, преку враќањето или преземањето одговорност за своите престапи. Истото важи и за покајанието пред Бога. Исто како што мораме да ја компензираме штетата што сме им ја нанеле на нашите браќа или сестри во Христа, исто така мораме да Му демонстрираме на Бога чин на соодветно покајание, откако ќе згрешиме пред Него, за да можеме да го направиме нашето покајание целосно и соодветно.

2. Ситуациите и методите на давањето понуди за вина

1) Откако ќе направиме лажно сведочење

Левит 5:1 ни кажува, "Ако некој згреши така што ќе чуе јавно колнење, бил сведок, или пак видел и знаел, а не соопштил, тогаш тој ќе ја носи вината врз себе." Постојат времиња кога луѓето, дури и откако ќе се заколнат дека ќе ја зборуваат вистината, прават лажни сведоштва, заради некои свои лични интереси.

На пример, да претпоставиме дека вашето дете извршило некаков престап, а невина личност била обвинета за тоа. Ако застанете како сведок, дали верувате дека ќе бидете во состојба да го кажете точното сведоштво? Ако молчите за да го заштитите своето дете, а со тој чин оштетите некое друго лице, луѓето нема да можат да ја дознаат вистината, но знајте дека Бог има увид во сѐ. Затоа еден сведок мора да сведочи и да го каже токму она што го видел и чул, за да обезбеди фер судење и да се осигура дека никој нема неправедно да страда.

Истото важи и за нашите секојдневни животи. Голем број на луѓе не се во состојба исправно да пренесат што виделе или чуле, па според некое сопствено убедување, изнесуваат неточни информации. Други пак даваат лажни сведоштва, измислувајќи прикaзни дека виделе нешто, што всушност не било така. Заради таквите лажни сведоштва, се случува невини луѓе да бидат лажно оптужени за криминал што го немаат извршено, па потоа неправедно да страдаат од казните. Можеме да видиме во Јаков 4:17, "И така, кој знае да ги направи исправните нешта, а не ги прави, извршува грев." Божјите чеда кои што ја знаат вистината, мора да ги препознаат нештата преку неа, и да дадат исправно сведоштво, за да не им нанесат штета или потешкотии на другите.

Ако добрината и вистината се вселат во нашите срца, тогаш ние секогаш ќе ја зборуваме вистината за сѐ. Нема погрешно да зборуваме или да обвиниме некого, да ја извртуваме вистината, или да даваме некои небитни одговори кога ќе не прашаат. Ако некој им наштети на другите преку избегнувањето да даде изјава, којашто била побарана од него, или даде лажно сведоштво, тогаш мора да Му понуди на Бога понуда за вина.

2) Откако ќе стапиме во контакт со нечисти нешта

За ова можеме да прочитаме во Левит 5:2-3,

Ако некој се допре до што и да било нечисто, мрша на нечисто диво животно, мрша на нечист добиток, или мрша на нечист влекач, иако не се знае за тоа, тој ќе биде виновен и нечист. Или ако се допре до човечка нечистотија, или што и да е, од што се станува нечист, и не знае за тоа, но потоа дознае, ќе се смета за виновен и нечист.

Тука, "што и да било нечисто" во духовноа смисла се однесува на сето невистинито однесување што стои во спротивност на вистината. Во таквото однесување се смета сето што е видено, чуено или кажано, како и нештата коишто се почувствувани од телото и срцето. Постојат нешта, кои без да знаеме за нив, не ги сметаме за грешни. Откако веќе сме влегле во вистината, ние сепак, почнуваме да ги сметаме таквите нешта за несоодветни во очита на Бога. На пример, порано кога не сме го познавале Бога, можеби сме наидувале на насилство и нечист материјал, како на пример порнографскиот материја, но тогаш не сме биле свесни дека тие нешта се нечисти. Но сепак, откако веќе сме ги почнале нашите животи во Христа, сме дознале дека тие нешта се во спротивност на вистината. Откако ќе сватиме дека со правењето такви нешта, кои што се сметаат за нечисти, треба да се покаеме и да Му понудиме на Бога понуди за вина.

Дури и во нашите животи во Христа, сепак постојат времиња кога несвесно ќе видиме или чуеме нечисти и зли нешта. Добро би било да си ги заштитуваме своите срца, дури и по гледањето на таквите нешта. Но, поради можноста верникот да не биде во состојба да си го заштити срцето од тоа, и да биде понесен од чувствата коишто ги придружуваат таквите нечисти нешта, тој веднаш треба да се покае, откако ќе стане свесен за својот грев, и да Му понуди на Бога, понуди за вина.

3) Откако сме дале заклетва

Левит 5:4 гласи, "Ако некој со устата своја се заколне, дека ќе направи нешто лошо или добро, за било која работа, како што луѓето обично непромислено прават, и не биде свесен за тоа, а потоа дознае, ќе се смета за виновен." Бог ни заповедал да се заколнуваме за "правење лошо или добро."

Зошто Бог ни забранил да се заколнуваме, да даваме завет, или да даваме заклетва? Природно е Бог да ни забрани да се заколнуваме за "правењето зло," но исто така и ни забранува да се заколнуваме за "правењето добро" заради фактот, што луѓето не се во состојба 100% да ги исполнат своите ветувања, (Матеј 5:33-37; Јаков 5:12). Сѐ додека човекот не стане усовршен со вистината, неговото срце може да се поколеба, понесено со некоја своја корист или емоција, и да не го исполни дадениот завет. Понатаму, постојат некои времиња кога непријателот ѓаволот и Сатаната се плеткаат во животите на верниците, не дозволувајќи им да си ги исполнат заклетвите, за да си создадат основа за обвинување кон нив. Земете го во предвид овој есктремен пример: Да претпоставиме дека некоја личност ќе се заколне, "Утре ќе ги направам овие нешта," но наеднаш да умре. Тогаш како ќе биде во можност да ја исполни својата заклетва?

Заради таа причина, една личност никогаш не би смеела да се заколнува дека ќе прави зло или добро, а наместо тоа, треба да Му се моли на Бога и да ја бара силата за тоа. На пример, ако една личност се завети непрестано да се моли, наместо да се завети, "Ќе присуствувам на состаноците за ноќна молитва, секоја вечер," треба да се моли, "Боже помогни ми непрестано да се молам, и заштити ме од сплетките на непријателот ѓаволот и Сатаната." Ако некој избрза и направи такво нешто, треба веднаш да се покае и да Му принесе понуда за вина на Бога.

Ако постои вина за трите гореспоменати ситуации, личноста треба, "да Му принесе на ГОСПОДА понуда за вина заради својот грев, женско од ситниот добиток, јагне или јаре од стадото свое, како жртва заради гревот, па свештеникот, во негово име, ќе му го откупи гревот" (Левит 5:6).

Тука е заповедано давање на понуда за грев, заедно со објаснувањето на понудата за вина. Тоа така, заради тоа што поради вината заради која треба да се принесат понудите за вина, треба да се понудат и понудите за грев. Понудата за грев, како што претходно објаснивме, значи да се покаеме пред Бога по гревот, и во целост да се одвратиме него. Исто така беше објаснето дека гревот бара не само да си ги одвратиме срцата од грешните патишта, туку и да ја преземеме одговорноста, понудата за вина ќе го направи нашето покајание совршено, кога ќе платиме за оштетата или повредата кон другите, како и да ги преземеме одговорностите преку некои одредени дела.

Во таква ситуација, една личност мора не само да изврши надомест, туку треба исто да Му понуди на Бога понуда за вина, проследена со понуда за грев, воедно извршувајќи покајание пред Бога. Кога личноста направила нешто лошо против друга личност, поради гревот што го извршила, којшто не смеела да го направи бидејќи е чедо Божјо, треба исто така да се покае пред Својот Отец Небесен.

Да претпоставиме дека еден човек ја измамил својата сестра и ѝ го земал нејзиниот дел од имотот. Ако братот сака да се покае, тогаш мора прво да се покае, кинејќи си го срцето свое, и да ги отфрли алчноста и измамата од него. Потоа треба да ја прими прошката од својата сестра, на која што ѝ направил зло. Потоа треба да се извини, не само преку своите усни, туку и да ја обезштети заради настанатата штета, причинета од неговото делување. Тука, "понудата за грев" претставува чин на одвраќање од своите грешни патишта, и покајание пред Бога, а човековата "понуда за вина" претставува чинот на покајание, преку кој ќе побара проштевање од својата сестра, и ќе ѝ ја надомести штетата и загубата.

Во Левит 5:6, Бог заповеда дека давањето понуда за грев, треба да биде проследено со понудата за вина, и тоа да биде женско јагне или јаре, кои ќе се принесат. Во следниот стих, можеме да прочитаме дека секој кој што не може да си дозволи да понуди јагне или јаре, мора да понуди две грлици или два млади гулаба, како принос за понудата за вина. Имајќи на ум дека треба да се понудат две птици. Една се дава како жртва за грев, а другата како жртва сепаленица.

Зошто тогаш Бог заповеда да се понудат жртвите сепаленици во исто време со жртвите за грев, принесувајќи две грлици или два млада гулаба? Жртвата сепаленица го означува зачувувањето на светоста на Сабатот. При духовното поклонение, тоа значи понудата на службата којашто Му се принесува на Бога во неделите. Затоа можеме да заклучиме дека, принесувањето на две грлици или два млади гулаба како жртва за грев, заедно со жртвата сепаленица, ни кажува дека покајанието на човекот станува совршено преку запазувањето на светоста на Господовиот ден. Совршеното покајание не само што го бара покајанието од личноста, во моментот кога таа станува свесна за својот грев, туку исто така ја бара и исповедта за нејзиниот грев, и покајанието во Светилиштето Божјо, за време на Господовиот ден.

Ако една личност е толку сиромашна да не може да си дозволи

дури ниту две грлици, или два млади гулаба, тогаш таа треба да Му понуди на Бога една десетина од ефа (мерка којашто е приближно еднаква на 22 литри, или 5 галони) фино брашно, како понуда кон Него. Понудата за грев треба да биде жртва на животно, бидејќи претставува жртва за проштевање. Но, по Својата преголема милост, Бог им дозволува на сиромашните луѓе, кои не можат да си дозволат да Му понудат животно, да Му понудат брашно наместо тоа, а со тоа да можат да најдат проштевање на своите гревови, исто така.

Постои разлика помеѓу жртвата за грев, којашто е дадена во брашно, и лебниот принос, којшто се принесува исто така во брашно. Додека во лебниот принос се додава маслото и темјанот, за да може да се создаде пријатна арома и да изгледа поскапо, во понудата за грев не се додава ниту масло, ниту темјан. Зошто е тоа така? Горењето на откупителната жртва, го носи во себе значењето исто како да е горење на нашиот грев.

Фактот дека не се додава ниту масло, ниту темјан во брашното, во духовна смисла ни укажува на однесувањето на човекот, коешто треба да го има, додека Му приоѓа на Бога и бара проштевање. 1 Кралеви 21:27 ни кажува дека, кога кралот Ахав се покајал пред Бога, тој, "кога кралот Ахав ги чу тие зборови, ги раскина облеките свои и стави вреќиште на телото свое, па постеше и одеше наоколу во очајание." Кога една личност ќе си го кине срцето свое во покајанието, тогаш таа природно ќе се однесува добро, ќе ја практикува самоконтролата, и ќе ги покаже скромноста и понизноста. Таа ќе биде многу внимателна и претпазлива за нештата кои ги изговара и за начинот на којшто се однесува, демонстрирајќи Му на Бога дека постојано се труди да го води животот во воздржаноста.

4) Ако згрешиме против Светите нешта, или му предизвикаме загуба на нашиот брат во Христа

Во Левит 5:15-16 можеме да прочитаме,

"Ако некој направи престап, безверно огрешувајќи се несакајќи против ГОСПОДОВИТЕ свети нешта, нека Му принесе понуда за вина на ГОСПОДА: овен без недостаток од стадото свое, што чини, според својата проценка, најмалку два сикла сребро, според цената на храмскиот сикл, како понуда за вина. И така, колку згрешил против светите нешта, толку нека надомести, и нека додаде уште една петтина, и нека му го даде тоа на свештеникот. Свештеникот тогаш ќе се помоли над принесениот овен како понуда за вина, и грeвовите ќе му бидат простени.

"ГОСПОДОВИТЕ свети нешта" се однесува на Божјото Светилиште, или на сите нешта коишто се во него. Ниту свештеник, ниту било кое друго лице кое што ја принесува понудата, не може да земе, да користи, или да продаде, било кој предмет, што бил одделен за Бога, и што се смета за свет. Понатаму, нештата што ги сметаме за свети се ограничени само на "свети нешта" но тие исто така се однесуваат и на целото Светилиште. Светилиштето претставува место, коешто Бог го одделил и место коешто Тој го означил со Своето име.

Ниедни световни, ниту невистинити нешта, не смеат да се изговараат во него. Верниците кои што се родители, мора да ги поучуваат своите деца, за однесувањето во Светилиштето, за тоа дека не смеат да трчаат наоколу и да си играат во него; да не прават бука; да не извалкаат нешто или да направат неред, или да оштетат некои од светите нешта во Светилиштето.

Ако случајно дојде до уништување на Божјите свети нешта, тогаш свештеникот кој што го уништил предметот, треба да го надомести истиот со некој друг предмет, којшто е дури подобар од стариот, посовршен и без недостаток. Понатаму, надоместокот не смее да биде во вредноста на оштетениот предмет, туку, "една петтина" треба да се придодаде како понуда за вина. Бог морал да даде заповед, за да нѐ потсети дека треба да делуваме соодветно и со голема доза на самоконтрола. Кога и да имаме контакт со некои свети нешта, треба да им пријдеме со големо внимание и воздржаност, за да не ги искористиме на погрешен начин, или да ги оштетиме нештата коишто биле одделени и посветени за Бога. Ако оштетиме нешто заради нашата негрижа и невнимателност, треба од сѐ срце да се покаеме и да извршиме надомест за истите, којшто треба да биде со поголема вредност од оштетениот предмет.

Левит 6:2-5 ни кажува за начините преку кои една индивидуа, може да го прими проштевањето на своите гревови, ако, "го измами ближниот свој, во врска со нештата коишто му биле доверени, или што се украдени од него, или што ги изнудил од ближниот свој," или "ако најде нешто загубено, па излаже и криво се заколне заради тоа." Тоа е начинот преку кој можеме да се покаеме за престапите извршени пред некој да ја стекне верата во Бога, и да се покае и да го прими проштевањето, откако самиот ќе свати дека несвесно земал од имотот на некого.

За да можеме да добиеме откуп за таквите гревови, треба да му го вратиме на сопствеником, не само предметот којшто бил земен, туку исто така треба да се додаде и дополнителна "петтина" од вредноста на предметот. Тука, "петтина" не мора да значи дека делот нумерички треба да се одреди. Тоа исто така значи дека кога една личност ќе искаже дела на покајанието, тие мораат да произлегуваат од длабочината на нејзиното срце. Дури тогаш Бог ќе ѝ даде проштевање на гревовите нејзини. На пример, постојат времиња кога не може посебно да се избројат престапите од минатото, и не можат точно да се надоместат. Во таквите случаи, сè што една личност треба да направи, е вредно да ги демонстрира делата на покајанието, од тој момент, па натаму. Преку парите коишто ги заработила на работа или преку својот бизнис, таа ќе може вредно да дава за Кралството Божјо, или да им помогне финансиски на луѓето кои што се во неволја и имаат потреба за тоа. Кога таа ќе ги изгради таквите дела на покајанието, Бог ќе го препознае срцето на таквата личност, и ќе ѝ ги прости гревовите.

Ве молам имајте на ум дека покајанието е најважната состојка на понудата за вина, или на понудата за грев. Бог не посакува да Му се принесе угоено теле, туку сака да го види покајничкиот дух (Псалм 51:17). Затоа, кога Му се поклонуваме на Бога, мораме од сè срце да се покаеме заради гревовите наши и стореното зло, и да ги понесеме плодовите на покајанието, исто така. Се надевам дека, онака како што Му ги принесувате поклонението и понудите на Бога, коишто Му се благоугодни и благопријатни, така и ќе си ги понудите и своите животи, како жива жртва прифатлива за Него, и секогаш ќе чекорите среде обилната љубов и благословите Негови.

Глава 8

Претставете го свото тело како жива и света жртва

"Затоа ве молам браќа, во името на Божјото милосрдие, да ги подадете телата ваши како жива жртва, света и благоугодна на Бога, како ваша духовна богослужба."

Римјаните 12:1

1. Соломоновите илјада сепаленици и благослови

Соломон бил воздигнат на престолот на своја 20 годишна возраст. Уште од својата младост бил образуван во верата, преку пророкот Натан, го сакал Бога, и ги запазувал одредбите на својот татко, кралот Давид. Кога бил воздигнат на престолот, Соломон Му понудил на Бога илјада жртви сепаленици.

Се разбира дека принесувањето на илјада жртви сепаленици не било лесна задача. Во Старозаветните времиња постоеле многу ограничувања во врска со местото, содржината на приносите, и методите преку кои требало да се принесат жртвите. Дури, за разлика од обичните луѓе, кралот Соломон, барал пошироко место, бидејќи бил придружуван од голема толпа луѓе, и принесувал поголем број на жртви сепаленици. Во 2 Летописи 1:2-3, е кажано, "Тогаш Соломон му се обрати на целиот Израел, на илјадниците, стотниците, судиите и на сите началници во целиот Израел, на старешините на домовите татковски. Потоа отиде Соломон и целото собрание со него, на ридот во Гаваон, бидејќи таму се наоѓаше Божјиот Шатор на средбата, што го подигна Мојсеј, слугата ГОСПОДОВ, во пустината." Соломон отишол на ридот Гаваон, поради тоа што таму се наоѓал Божјиот Шатор на средбата, којшто бил изграден од страна на Мојсеја, таму во пустината.

Заедно со собранието, Соломон се искачил таму, пред "ГОСПОДОВИОТ бронзен жртвеник, којшто се наоѓал кај Шаторот на средбата" и Му понудил на Бога илјада жртви сепаленици. Претходно беше објаснето дека жртвата сепаленица Му се принесувала на Бога, заради пријатната миризба што се издигала од горењето на принесеното животно како жртва, и тоа симболично го означувало нудењето на неговиот живот кон Бога, како една целосна и посветена жртва.

Таа ноќ, Бог Му се појавил на Соломона на сон, и го прашал, "Барај што сакаш да ти дадам" (2 Летописи 1:7). а Соломон одговорил,

Ти му направи на татко ми Давид голема милост, а мене ме постави за крал наместо него. Нека се исполни сега, О ГОСПОДИ, ветувањето Твое, што му го имаш дадено на мојот татко, кралот Давид, бидејќи ме направи крал над народ многуброен, како земниот прав. Дај ми ги сега мудроста и разумот, да управувам со тој народ, затоа што, кој би можел да управува со Твојот голем народ? (2 Летописи 1:8-10).

Соломон, не побарал богатство, имот, чест и слава, да му се предадат во раце непријателите негови, или долг живот, туку ги побарал мудроста и разумот, преку кои би можел добро да владее над народот свој. На Бога му бил многу благопријатен одговорот на Соломона, па не само што го дарувал со мудрост и разум и знаење, туку исто така и со богатство, имот, чест и слава, нешта коишто тој не ги ни побарал.

Бог му кажал на Соломона, "Мудроста и разумот ќе ти ги дадам, а богатство, имот и слава, ќе ти дадам такви, какви што никој од кралевите пред тебе немал, ниту пак ќе има по тебе" (с. 12).

Ако Му ги понудиме на Бога духовното поклонение и богослужба, на начинот којшто Му е угоден Нему, Тој за возврат ќе нè благослови со големиот напредок во сè, со доброто здравје, и со растот на душите наши.

2. Од Ерата на Скинијата до Ерата на Храмот

Откако го обединил своето кралство и ја воспоставил

стабилноста, постоело само едно нешто коешто го мачело срцето на кралот Давид, таткото на Соломона: Храмот Божји сеуште не бил изграден. Тој бил разочаран што ковчегот Божји се наоѓал заокружен со десет завеси, а тој самиот престојувал во местото направено од кедровина, па затоа се решил да го изгради храмот. Но, Бог не го дозволил тоа, затоа што Давид пролеал многу крв во битките, па затоа и не бил соодветна личност за градењето на светиот храм Божји.

Но дојде кон мене Словото ГОСПОДОВО, и ми рече, "Ти имаш пролеано многу крв и си водел големи војни; ти нема да бидеш тој, што ќе Му изгради дом на името Мое, затоа што имаш пролеано многу крв на земјата пред лицето Мое" (1 Летописи 22:8).

Но Бог ми рече, "Ти нема да бидеш тој, што ќе Му изгради дом на името Мое, затоа што си војник и имаш пролеано крв" (1 Летописи 28:3).

Иако кралот Давид не бил соодветен за исполнувањето на сонот за изградбата на Храмот, тој сепак со благодарност го почитувал Словото Божјо. Тој исто така припремил злато, сребро, бронза, скапоцени камења и кедровина, материјали коишто биле неопходни за изградбата на Храмот, од страна на следниот крал, неговиот син Соломон.

Во четвртата година од неговото владеење, Соломон се заветил да ја следи волјата на Бога и да го изгради Храмот. Тој почнал со проектот на изградбата, на планината Морија во Ерусалим, и го завршил за седум години. Четиристотини и осумдесет години откако луѓето Израелеви излегле од земјата Египетска, го изградиле Храмот Божји. Соломон ги донел и ги ставил Ковчегот на сведоштвото (Ковчегот на заветот) и сите други свети нешта, во Храмот. Кога свештениците го донеле Ковчегот на сведоштвото и го поставиле во Светијата на Светиите, славата Божја го исполнила домот, и свештениците не можеа да ја продолжат службата од облакот, славата на ГОСПОДА го исполни ГОСПОДОВИОТ дом" (1 Кралеви 8:11). Така завршила Ерата на скинијата, а започнала Ерата на Храмот.

Во своето принесување проследено со молитвата кон Храмот Божји, Соломон го преколнувал Бога, да Му ги прости гревовите на народот Негов, кога тие се свртеле кон Храмот и низ искрената молитва, дури и по тешкотиите кои што ги снашле, заради нивните гревови, ревносно Му се молеле на Бога.

Послушај ја молитвата на слугата Твој, и на народот Израелски Твој, кога тие се молат на ова место; слушни ја од Небесата, каде што престојуваш; слушни ја, смилувај се и прости им
(1 Кралеви 8:30).

Бидејќи кралот Соломон бил свесен дека изградбата на Храмот Му угодувала на Бога и претставувала благослов, тој храбро го молел Бога за својот народ. Откако ја слушнал молитвата на кралот, Бог одговорил,

Ги слушнав молитвата и просењето твое, што ги упати до Мене; го посветив овој дом, што го изгради за да престојува името Мое во него довека, очите Мои и срцето Мое, секогаш ќе бидат присутни тука (1 Кралеви 9:3).

Затоа, ако денес Му се поклонуваме на Бога со сето наше срце, ум и крајна увереност во светото Светилиште, во коешто пребива Бог, Тој ќе нè сретне и ќе ни ги исполни желбите на срцата наши.

3. Телесното поклонување & Духовното поклонување

Од Библијата можеме да дознаеме дека постојат типови на поклонение, што Бог не ги прифаќа. Во зависност од срцето со кое се нуди поклонението, постои духовното поклонение, коешто го прифаќа Бог, и телесната богослужба, којашто Тој ја одбива.

Адам и Ева биле истерани од Градината Едемска поради нивното непочитување на законот Божји. Во Битие 4 можеме да прочитаме за нивните два сина. Нивниот постар син бил Каин, а помладиот бил Авел. Кога израснале, Каин и Авел Му принеле понуди на Бога. Каин бил земјоделец и затоа Му дал на Бога "од плодовите на земјата" (стих 3), додека Авел Му принел "од првородените на стадото свое и од мрсното" (стих 4). Бог за возврат "погледа милостиво кон Авела и неговата жртва; а ни поглед не сврти кон Каина и неговата жртва" (стихови 4-5).

Зошто Бог не сакал да ја прими Каиновата жртва? Во Евреите 9:22 можеме да видиме дека една понуда принесена кон Бога, треба да биде понуда во крв, преку која можат да бидат простени гревовите, во согласност со законот на духовниот свет. Заради таа причина, животните како што се биковите или јагнињата, му се нуделе на Бога во Старозаветните времиња, а Исус, Агнецот Божји, Самиот станал откупителна жртва, пролевајќи си ја Својата скапоцена крв, во Новозаветните времиња.

Евреите 11:4 ни кажува, "Преку верата Му принесе Авел подобра жртва на Бога од Каиновата, преку неа го прими сведоштвото дека е праведен, затоа што Бог посведочи за неговите дарови, па преку верата тој сеуште зборува, иако е умрен." Со други зборови кажано, Бог ја прифатил понудата на Авела, затоа што тој Му понудил на Бога жртва на крв, којашто била во согласност со Неговата волја, но ја одбил понудата на Каина, којашто не била според Неговата волја.

Во Левит 10:1-2, можеме да прочитаме за Нада и Авиуд, кои ставиле "чуден оган пред ГОСПОДА, за кој не добиле заповед од Него," па затоа последователно биле проголтани од огнот, којшто "излегол од самото присуство на ГОСПОДА." Ние исто така можеме да прочитаме во 1 Самоил 13, за тоа како Бог го оставил кралот Саул, откако го извршил гревот, извршувајќи ја должноста на пророкот Самоил. Пред блискиот бој со Филистејците, кралот Саул принел жртва кон Бога, бидејќи пророкот Самоил не дошол во закажаните денови за тоа. Кога пристигнал Самоил, откако видел дека принесувањето веќе било извршено од страна на Саула, тој му кажал на пророкот изговор, дека морал да го направи тоа, бидејќи луѓето почнале да се разидуваат. Како одговор на тоа, Самоил го прекорил Саула, "Непромислено си изреагирал," и му соопштил на кралот дека Бог го оставил.

Во Малахија 1:6-10, Бог ги прекорува чедата Израелеви, заради тоа што не Му го дале на Бога најдоброто што можело да се понуди, туку Му го дале она што е помалку вредно. Бог додал дека нема да го прифати поклонението коешто можеби ги следи религиските формалности, но недостасува срцето на луѓето. Во денешна смисла, тоа значи дека Бог нема да прифати телесна богослужба.

Јован 4:23-24 ни кажува дека Бог со радост го прифаќа духовното поклонение што луѓето Му го нудат, во духот и во вистината, и ги благословил таквите луѓе, да ја извршуваат правдата, милоста и верноста. Во Матеј 15:7-9 и во 23:13-18 ни се кажува дека Исус многу ги прекорил Фарисеите и книжниците од тоа време, кои што стриктно се придржувале до човечката традиција, каде срцата не Му се поклонувале на Бога во вистината. Бог не ја прифаќа богослужбата којашто луѓето Му ја нудат произволно.

Богослужбата мора да биде понудена во согласност со принципите што Бог ги има воспоставено. Така Христијанството се разликува од другите религии, чиишто припадници создаваат поклонение и богослужби, единствено заради задоволување на своите потреби, и Му го нудат поклонението на Бога, на начинот којшто ним им е благоугоден. Од една страна, телесното поклонение е бесмислено поклонение, каде што една личност едвај да доаѓа во Светилиштето, и едвај да присуствува на богослужбите. Од друга страна пак, духовното поклонение е чин на поклонение што потекнува од длабочината на срцето, а присуството на богослужбите е во духот и вистината, од страна на чедата Божји, кои што го сакаат својот Отец Небесен. Па затоа, дури и кога две личности Му понудат на Бога поклонение во едно исто време и на едно исто место, во зависност од срцето на личноста, Бог може да го прифати поклонението на едната, и да го одбие она на другата. Дури и луѓето да доаѓаат во светилиштето и Му се поклонуваат на Бога, сето тоа нема да биде од никаква корист, ако Бог каже, "Не го прифаќам твоето поклонение."

4. Претставете го своето тело како жива и света жртва

Ако целта на нашето постоење е да Го величаме Бога, тогаш поклонението мора да биде фокус на нашите животи и ние мораме во секој момент да Му се поклонуваме Нему. Живата и света жртва, којашто Бог ја прифаќа, тогаш поклонението во духот и вистината, не може да биде исполнето само преку обичното присуство на Неделните богослужби еднаш неделно, и произволното живеење на нашите животи, во согласност желбите на личноста преку седмицата. Ние сме повикани секогаш да Му се поклонуваме на Бога, било каде и било кога.

Одењето во црква заради богослужбата, претставува продолжеток на животот во поклонението кон Бога. Бидејќи секое поклонение што е одвоено животот на една личност претставува невистинито поклонение, животот на еден верник во целост, мора да биде живот на духовното поклонение кон Бога. Мораме не само да Му ја понудиме на Бога прекрасната богослужба во светилиштето, во согласност со соодветните процедури и значење, а воедно мораме да ги водиме светите и чисти животи, почитувајќи ги законите Божји, во нашите секојдневни животи.

Римјаните 12:1 ни кажува, "Затоа ве молам браќа, во името на Божјото милосрдие, да ги подадете телата ваши како жива жртва, света и благоугодна на Бога, како ваша духовна богослужба." Исто како што Исус го спасил човештвото преку жртвата на Своето тело, Бог посакува и ние самите да ги подадеме нашите тела како жива и света жртва, исто така.

Како дополнение на видливата зграда на Храмот, поради тоа што Светиот Дух, Кој што е едно со Бога, пребива и во нашите срца, тогаш секој од нас претставува храм Божји исто така (1 Коринтјаните 6:19-20). Мораме секојдневно да се обновуваме во вистината и да се заштитуваме себеси, за да бидеме свети. Кога Словото Божјо, молитвата и пофалбата кон Бога, ќе почнат да пребиваат во нашите срца, и кога ние сè во животите ќе правиме со срцето на поклонението, тогаш ќе треба да ги подадеме животите како жива и света жртва, која ќе Му биде благоугодна на Бога.

Пред да го сретнам Бога, животот ми беше натежнат од болести. Деновите ги поминував во безнадежно очајание. По седумгодишното боледување во постела, врз моите плеќи паднаа големите сметки од болничките трошоци и лековите кои ги употребував. Животот ми беше во сиромаштија. Сепак, сето тоа се смени во моментот кога го сретнав Бога. Тој во еден миг ми ги излекува сите болести, а јас го почнав мојот нов живот.

Облеан со Неговата милост и благодет, почнав да го сакам Бога над сѐ друго. За време на Господовиот ден, се будев в зори, гледав секогаш да бидам избањат, и да облечам свежа нова облека. Дури и да носев накратко некои чорапи во саботата, јас никогаш не ги облекував истите повторно следниот ден. Исто така гледав најуредно да се облечам во својата најнова облека.

Со ова не мислам да кажам дека верниците треба да се облекуваат во некаков моден режим, кога се спремаат да одат на богослужба. Ако еден верник навистина верува и го сака Бога, тогаш е природно да ги направи подготовките со крајна внимателност, затоа што треба да застане и да Го велича Бога. Дури и финансиската состојба на личноста да не ѝ дозволува да приготви посебно убава облека, заради претставување пред Бога, тие сепак треба да се обидат најдобро што можат, да изгледаат што посветено.

Секогаш се трудев да принесам понуди со најнови и најдобро очувани банкноти; кога и да ми дојдеше при рака некоја таква банкнота, јас ја ставав настрана, за да ја принесам на богослужбата. Дури и во некои итни случаи, не ги допирав тие пари, коишто ги имав издвоено за таа намена. Ние знаеме дека дури и во Старозаветните времиња постоеле различни нивоа, во зависност од ситуацијата во која се наоѓа една личност, на кои секој верник се подготвувал за принесувањето понуди, кога ќе имале намера да излезат пред свештениците. Во врска со ова, Бог отворено нѐ информира во Исход 34:20, "Никој нема да истапи пред Мене со празни раце."

Како што дознав од оживувачките состаноци, секогаш се трудев да поседувам понуда којашто е голема или мала, подготвена за секоја богослужба. Иако едвај успевавме со жената моја да ги исплатиме каматите од нашиот долг, ние сепак без колебање Му ги дававме понудите на Бога. Како можевме да се покаеме кога нашите беа употребувани за спасување на душите, за Кралството Божјо, и за исполнување на Неговата праведност?

Откако ја виде нашата посветеност, во времето кое Тој го избра, Бог нè благослови со можноста да исплатиме голем дел од нашиот долг. Почнав да Му се молам на Бога, да ме постави за добар старешина, кој што ќе може да им ја олесни финансиската ситуација на сиромашните, да им помогне на сираците, на вдовиците, и на болните лица. Но, Бог неочекувано ме повика да станам свештеник и ме поведе да бидам водач на огромната црква, што ги спасува душите на луѓето. Додека не станав водач, јас им ја олеснував состојбата на голем број луѓе, и ми беше дадена силата на Бога, преку која можев да ги лекувам болните, нешта коишто се многу поголеми од оние за коишто се молев.

5. "Сè додека Христос не се оформи во вас"

Исто како што родителите своеволно и со најголемо внимание се грижат за своите деца по нивното рождество, исто така потребни се напорна работа, истрајност и жртва за насочување на безбројните души кон вистината. За ваквото нешто апостолот Павле се исповеда во Галатјаните 4:19, "Чеда мои, заради кои сум во породилни маки, сè до оформување на Христа во вас."

Исто како што го знаев срцето на Бога, Кој што ја смета секоја една душа за поскапоцена од сè друго во универзумот, и Неговата желба е сите луѓе да го добијат спасението, и јас исто така, го правам секој напор за водењето на душите кон патот на спасението и кон Новиот Ерусалим. Преку борбата да им се донесе нивото на верата, на секој член од црквата, "додека сите не стигнеме до нивото на верата и на познавањето на Синот Божји, до совршениот човек, до полната мерка на Христовиот раст" (Ефесјаните 4:13) јас се молев и ги подготвував пораките во секој момент и можност којашто ќе ми се укажеше. Постоеа времиња кога сакав да седнам со членовите на црквата заради пријатен разговор, но како пастир, на кого што му паѓа одговорноста за водството на стадото кон првиот пат, јас ја практикував самоконтролата во сѐ и ги исполнував должностите коишто ми беа дадени од Бога.

Постојат две желби коишто му ги посакувам на секој верник. Како прво, пожелувам секој од верниците, не само да го прими обичното спасение, туку и да пребива во Новиот Ерусалим, во најславното место на Небесата. Како второ, сакам секој верник да го избегне товарот на сиромаштијата, и да го живее животот во напредок и просперитет. Како што црквата поминуваше низ процесот на оживување и се зголемуваше бројот на членовите, се зголемуваше и бројот на оние кои што доживееа финансиско олеснување, и добија исцелување на своите здравствени проблеми. Во световна смисла кажано, не е лесна задача да се одговори на потребите на секој член од црквата.

Јас самиот чувствувам голем товар врз плеќите мои, кога некои од верниците ќе изврши грев. Тоа е заради фактот што знам дека кога еден верник ќе изврши грев, тој сѐ повеќе се оддалечува од Новиот Ерусалим. Во некои екстремни случаи, таквиот верник може дури и да го изгуби спасението. Верникот може да ги прими одговорите и духовното и физичкото исцелување, единствено откако ќе го сруши ѕидот на гревот, којшто стои помеѓу него и Бога. Молејќи Му се на Бога во името на верниците кои што згрешиле, јас не можев нормално да спијам, постојано бев во грч, пролевав солзи и ја изгубив енергијата за нормално зборување, поминувајќи безброј часови и дни во постот и молитвата.

Прифаќајќи ги моите понуди, коишто Му ги испраќав во безброј ситуации, Бог ја искажа Својата милост кон луѓето, кон сите оние кои што претходно беа недостојни за спасение, давајќи им го духот на покајанието, за да можат да се покајат и да го примат спасението. Бог исто така ги прошири вратите на спасението, за да можат безброј луѓе во светот да дојдат и да го слушнат евангелието на светоста, за да ја прегрнат манифестацијата на Неговата сила.

Кога и да ги видев верниците како убаво растат во вистината, тоа беше навистина голема награда за мене, како пастор на црквата. На истиот начин, на којшто безгрешниот Господ, се понудил Себеси како пријатната миризба кон Бога (Ефесјаните 5:2), и јас самиот чекорам кон таквата жртва, во секој аспект на животот, живата и света жртва кон Бога, заради Неговото Кралство и бројот на душите.

Кога децата им изразуваат почит на своите родители, за време на денот на мајката, или денот на таткото ("Денот на родителите" во Кореја) кога ги покажуваат знаците на својата благодарност кон нив, радоста на родителите не може да биде поголема. Иако тие знаци на благодрност можеби не им се по волја на родителите, тие сепак се многу радосни затоа што им се дадени од нивните деца. На истиот начин, кога чедата Божји Му го нудат поклонението што го подготвиле со најголемо внимание и грижа, во својата љубов за Отецот Небесен, Тој чувствува голема радост и им испраќа благослови.

Се разбира дека ниту еден верник не смее да го живее својот живот произволно во текот на седмицата, а да ја искажува својата посветеност само во неделите! Исто како што Исус ни кажува во Лука 10:27, секој верник мора да го сака Бога со сето свое срце, душа, сила и ум, и да се понуди себеси како жива и света жртва, во секој ден од својот живот. Преку поклонението кон Бога во духот и вистината, и преку нудењето на пријатната арома на своите срца, се молам секој од читателите да ужива во изобилството благослови, што Бог го има подготвено за него.

Автор
Dr. Jaerock Lee

Др. Церок Ли бил роден во Муан, Провинција Јеоннам,, Република Кореја, во 1943 година. Додека бил во своите дваесети години, Др. Ли страдал од најразлични, неизлечиви болести, во текот на седум години, па ја чекал смртта, немајќи надеж за закрепнување. Сепак, еден ден во пролетта од 1974 тој бил поведен во црква од страна на својата сестра, па кога клекнал да се помоли, живиот Бог веднаш го излекувал од сите негови болести.

Тој во еден момент го сретнал живиот Бог, доживувајќи го тоа прекрасно искуство. Др. Ли го сакал Бога со сето свое срце и искреност, и во 1978 тој бил наречен слуга Божји. Тој ревносно се молел, низ небројени молитви придружени со пост, за да може јасно да ја разбере волјата на Бога, во целост да ја исполни и да му се покори на Словото Божјо. Во 1982, тој ја основал Централната Манмин Црква во Сеул, Кореја, па безброј дела на Божјата сила, вклучувајќи ги тука и чудесните излекувања и исцелувања, знаците и чудесата, се случуваат во црквата од тогаш.

Во 1986, Др. Ли бил ракоположен за пастор на Годишното Собрание на Исусовата Сунгиул Црква од Кореја, за четири години подоцна, во 1990, неговите проповеди да почнат да се емитуваат во Австралија, Русија и на Филипините. Во текот на краток временски период, уште поголем број на земји бил досегнат низ Емитувачката Компанија на Далечниот Исток, па низ Емитувачката Станица на Азија, и низ Вашингтонскиот Христијански Радио Систем.

Три години подоцна, во 1993, Централната Манмин Црква била избрана како една од "Врвните Светски 50 Цркви" од страна на Христијанскиот Светски Магазин (САД) и го примил Почесниот Докторат на Божественоста, од Христијанскиот Верски Колец, Флорида, САД, а во 1996 ја примил својата докторска титула во Теолошкиот Семинар на Свештенствувањето од Кингсвеј, Ајова, САД.

Од 1993, Др. Ли го предводи процесот на светската евангелизација, низ многу прекуморски крсташки походи, во Танзанија, Аргентина, Лос Ангелес, Балтимор Сити, Хаваи и Њујорк Сити во САД, Уганда, Јапонија, Пакистан, Кенија, Филипини, Хондурас, Индија, Русија, Германија, Перу, Демократската Република Конго, Израел и Естонија.

Во 2002 тој бил признаен за "светски преродбеник" поради своите моќни свештенствувања во различните прекуморски крстоносни походи, од страна на главните Христијански весници во Кореја. Особено се истакнува Њујоршкиот Крстоносен Поход во 2006' одржан во Медисон Сквер Гарден, најпознатата арена во светот. Настанот бил емитуван до 220 нации, и на неговиот 'Израелски Обединет Крстоносен Поход во 2009', одржан во Интернационалниот Собирен Центар (ICC) во Ерусалим, тој храбро објавил дека Исус Христос е Месијата и Спасителот.

Неговите проповеди биле емитувани до 176 нации преку сателитски преноси, вклучувајќи ги ГЦН ТВ и бил наведен како еден од 'Врвните 10 Највлијателни Христијански Водачи' во 2009-та и 2010-та година, од страна на популарниот Руски Христијански Магазин Во Победа и новинската агенција Христијански Телеграф за неговото моќно ТВ свештенствување и прекуморското црквено-пасторско свештенствување.

Од Мај, 2013-та, Централната Манмин Црква има конгрегација од повеќе од 120 000 членови. Постојат 10,000 подрачни цркви ширум светот, вклучувајќи ги тука и 56-те домашни подрачни цркви, и повеќе од 129 мисионерски служби кои биле основани во 23 земји, вклучувајќи ги тука и Соединетите Амерички Држави, Русија, Германија, Канада, Јапонија, Кина, Франција, Индија, Кенија и уште многу други.

Од денот на објавувањето на оваа книга, Др. Ли напишал 85 книги, вклучувајќи ги и бестселерите Искушувањето на Вечниот Живот пред Смртта, Мојот живот, Мојата вера I & II, Пораката на Крстот, Мерката на верата, Небеса I & II, Пекол, Разбуди се Израеле!, и Силата на Бога. Неговите дела биле преведени на повеќе од 75 јазици.

Неговите Христијански колумни се појавуваат во The Hankook Ilbo, The JoongAng Daily, The Chosun Ilbo, The Dong-A Ilbo, The Munhwa Ilbo, The Seoul Shinmun, The Kyunghyang Shinmun, The Korea Economic Daily, The Korea Herald, The Shisa News, и The Christian Press.

Др. Ли во моментот е водач на многу мисионерски организации и асоцијации. Други позиции кои ги има се следните: Претседавач, Обединетата Света Црква на Исуса Христа; Претседател, Светската Мисија на Манмин; Постојан Претседател, Здружение на Светската Христијанска Преродбена Мисија; Основач & Претседател на одборот, Глобалната Христијанска Мрежа (GCN); Основач & Претседател на одборот, Светската Христијанска Лекарска Мрежа (WCDN); и Основач & Претседател на одборот, Манмин Интернационална Семинарија (MIS).

Други моќни книги од истиот автор

Небеса I & II

Детален нацрт на прекрасната животна средина во која живеат жителите на рајот и прекрасни описи на различните нивоа на небесните царства.

Пораката на Крстот

Моќна освестувачка порака за будење на сите луѓе кои што се духовно заспани! Во оваа книга ќе прочитате за причината зошто Исус е единствениот Спасител и за вистинската љубов на Бога.

Пекол

Искрена порака до целото човештво од Бога, Кој што посакува ниту една душа да не падне во длабочините на Пеколот! Ќе откриете никогаш порано –откриено прикажување на суровата реалност на Долниот Ад и Пеколот.

Дух, Душа и Тяло I & II

Преку духовното разбирање за духот, душата и телото, кои што се компонентите на луѓето, читателите ќе можат да погледнат во своето 'себе' и да се здобијат со увид за самиот живот.

Мерката на Верата

Какво живеалиште, круна и награди се подготвени за вас во Рајот? Оваа книга обилува со мудрост и водство за вас да ја измерите вашата вера и да ја култивирате најдобрата и зрела вера.

Разбудениот Израел

Зошто Бог внимана на Израел од почетокот на светот до денешен ден? Каков вид на Негово Провидение е подготвено за Израел во последните денови, кои што го исчекуваат Месијата?

Мојот Живот, Мојата Вера I & II

Најмирисна духовна арома извлечена од животот кој што цветал со една неспоредлива љубов за Бога, во средина на темните бранови, студеното ропство и најдлабокио очај.

Моќта на Бога

Четиво што мора да се прочита и што служи како основен прирачник со кој што некој може да ја стекне вистинска вера и да ја искуси прекрасната сила на Бога.

www.urimbooks.com

www.ingramcontent.com/pod-product-compliance
Lightning Source LLC
LaVergne TN
LVHW021827060526
838201LV00058B/3539